かわいい

카와이 일본어 첫걸음

레이쌤(김하경) 지음

카와이 일본어 첫걸음
Japanese Conversation with Hellokitty

초판 발행 · 2025년 5월 30일
초판 3쇄 발행 · 2025년 10월 25일

지은이 · 레이쌤(김하경)
발행인 · 이종원
발행처 · (주)도서출판 길벗
브랜드 · 길벗이지톡
출판사 등록일 · 1990년 12월 24일
주소 · 서울시 마포구 월드컵로 10길 56 (서교동)
대표 전화 · 02)332-0931 | **팩스** · 02)323-0586
홈페이지 · www.gilbut.co.kr | **이메일** · eztok@gilbut.co.kr

기획 및 책임 편집 · 오윤희(tahiti01@gilbut.co.kr) | **디자인** · 강은경 | **제작** · 이준호, 손일순, 이진혁
영업마케팅 · 차명환, 장봉석, 최소영 | **유통혁신** · 한준희 | **영업관리** · 김명자, 심선숙 | **독자지원** · 윤정아

편집진행 및 교정교열 · 이경숙 | **전산편집** · 수[秀]디자인 | **녹음 및 편집** · 와이알미디어
CTP 출력 및 인쇄 · 예림인쇄 | **제본** · 예림바인딩

- 길벗이지톡은 (주)도서출판 길벗의 성인어학서 출판 브랜드입니다.
- 이 책은 저작권법의 보호를 받는 저작물로 이 책에 실린 모든 내용, 디자인, 이미지, 편집 구성은 허락 없이 복제하거나 다른 매체에 옮겨 실을 수 없습니다.
- 인공지능(AI) 기술 또는 시스템을 훈련하기 위해 이 책의 전체 내용은 물론 일부 문장도 사용하는 것을 금지합니다.
- 잘못 만든 책은 구입한 서점에서 바꿔 드립니다.
- 책 내용에 대한 문의는 길벗 홈페이지(www.gilbut.co.kr) 고객센터에 올려 주세요.

ⓒ 레이쌤(김하경), 2025
© 2025 SANRIO CO., LTD.

ISBN 979-11-407-1241-0 03730
(길벗 도서번호 301202)
정가 16,800원

독자의 1초를 아껴주는 정성 길벗출판사

(주)도서출판 길벗 | IT단행본, 성인어학, 교과서, 수험서, 경제경영, 교양, 자녀교육, 취미실용 www.gilbut.co.kr
길벗스쿨 | 국어학습, 수학학습, 주니어어학, 어린이단행본, 학습단행본 www.gilbutschool.co.kr

유튜브 · @GILBUTEZTOK | **인스타그램** gilbut_eztok | **네이버블로그** gilbuteztok

머리말

일본어를 시작하는 여러분께

"나 일본어 잘하고 싶어!"
일본어를 시작하기 전 모두가 하는 생각일 겁니다. 이 책을 보는 여러분도 마찬가지겠죠? 왜 일본어를 잘하고 싶다는 생각이 들었나요? 누군가는 일본 여행을 다녀오면서, 또 누군가는 일본 애니메이션, 영화, 드라마를 보면서 느끼게 되었을 테고, 이외에도 다양한 이유가 있겠지요. 무언가를 잘하게 되려면 그 어떤 것이든 한 가지 원칙이 있습니다. 바로 '기초를 탄탄히 하는 것'입니다. 그 어떤 것도 기초가 제대로 다져지지 않으면 끝까지 갈 수 없습니다. 건축물도 기초공사가 제대로 되어 있지 않으면 언젠가는 무너지고 마는 것처럼요.

이 책의 목표는 "일본어를 쉽게 접근하되, 기초를 탄탄하게 하자!"입니다. 어려운 것부터 시작하게 되면 우리는 방향성을 잃거나 쉽게 포기하게 됩니다. 내가 하고 싶은 말을 쉬운 표현으로, 쉬운 문법으로 만들어보는 연습이 필요합니다. 기초가 탄탄하다면 아무리 어렵게 '레벨업'을 하더라도 절대 무너지지 않습니다.

이 책은 누구라도 '혼자서' 기초를 탄탄하게 쌓을 수 있게끔 구성했습니다. 또 혼자 공부하기 힘든 분들을 위해 각 과마다 핵심강의를 실었습니다. 거기에 헬로키티의 '귀여움'까지 더했으니 질릴 틈이 없겠죠?
이 책으로 여러분이 일본어를 마스터하게 될 것이라고 단언할 수는 없습니다. 하지만 여러분의 일본어 '기초공사'를 탄탄하게 해줄 수 있을 것이라고 확신합니다. 가장 쉽게 접근할 수 있도록, 가장 효율적으로 공부할 수 있도록 집필했습니다. 일본어를 잘하고 싶다는 마음으로 일본어를 시작한 여러분께, 가장 즐거운 방법으로 공부할 수 있는 길을 소개합니다.

이 책과 함께하는 여정이 즐거운 경험이 되었으면 좋겠습니다.
저를 믿고 함께해 주셔서 감사합니다.

레이쌤(김하경) 드림

이 책의 구성과 활용법

이 책은 일본어를 처음 시작하는 입문자를 대상으로 합니다. 본 책은 워밍업에 해당하는 [일본어 문자와 발음]과 본격적인 일본어를 배우는 DAY 01~DAY 20으로 이루어져 있습니다. 이 책을 끝까지 학습하면 일본어 명사 파트를 완벽하게 끝낼 수 있습니다.

|도입부|
오늘 배울 내용에 관한 간단한 설명과 대표 문장, 단어 정리로 구성되어 있습니다. QR코드를 스캔하면 저자 동영상 강의를 보거나 mp3 파일을 들을 수 있는 페이지로 연결됩니다.

|함께 알아보자|
두 개의 대표 문장을 하나하나 알기 쉽게 설명합니다.

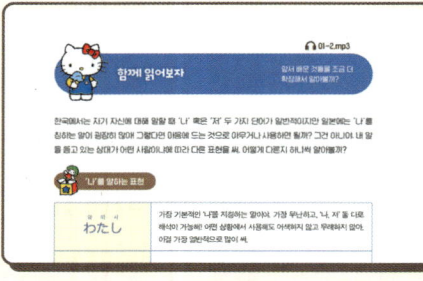

|함께 읽어보자|
오늘 배우는 핵심 내용과 관련된 확장 표현을 알려줍니다.

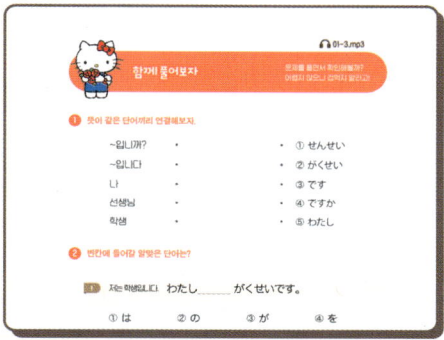

← |함께 풀어보자|

간단한 문제를 풀면서 배운 내용을 확인합니다.

← |함께 써보자|

문장을 써보면서 한 과의 학습을 마무리합니다.

← |모두 함께 수다 타임|

일본 문화와 관련한 즐거운 이야깃거리를 나눕니다.

차례

일본어 문자와 발음   009
히라가나/가타카나 오십음도표
탁음, 반탁음, 요음, 촉음, 발음, 장음
히라가나/가타카나 써보기

DAY 01   저는 헬로키티입니다.   060
わたしは ハローキティです。

DAY 02   당신은 누구입니까?   068
あなたは だれですか。

DAY 03   여기는 어디입니까?   076
ここは どこですか。

DAY 04   이것은 당신의 것입니까?   083
これは あなたのですか。

DAY 05   이쪽은 제 어머니입니다.   091
こちらは わたしの ははです。

DAY 06   저는 운동선수였습니다.   098
わたしは うんどうせんしゅでした。

DAY 07   저 사람은 여자가 아닙니다.   106
あの ひとは おんなでは ありません。

DAY 08   그것은 흰색이 아니었습니다.   113
それは しろでは ありませんでした。

DAY 09 저는 고등학생이고, 남동생은 중학생입니다.   120
わたしは こうこうせいで、
おとうとは ちゅうがくせいです。

DAY 10 여기에 가방이 있습니다.   128
ここに かばんが あります。

DAY 11 선생님은 교실에 없습니다.   136
せんせいは きょうしつに いません。

중간 확인 문제   144

DAY 12 저는 열다섯 살입니다.   148
わたしは じゅうごさいです。

DAY 13 이 옷은 얼마입니까?   155
この ふくは いくらですか。

DAY 14 지금은 몇 시 몇 분입니까?   163
いまは なんじ なんぷんですか。

DAY 15 내일은 약속이 있습니다.   170
あしたは やくそくが あります。

DAY 16 오늘은 몇 월 며칠입니까?   177
きょうは なんがつ なんにちですか。

DAY 17	몇 개입니까? いくつですか。	**184**
DAY 18	몇 명입니까? なんにんですか。	**191**
DAY 19	다음 주 금요일은 축제입니다. らいしゅうの きんようびは まつりです。	**199**
DAY 20	9시부터 6시까지입니다. くじから ろくじまでです。	**207**
	최종 확인 문제	**214**
	정답	**218**

일러두기

- 일본어 입문자가 좀 더 수월하게 일본어 글자에 익숙해질 수 있도록 일본어 전체에 한글 발음을 달았습니다. 한글 발음은 최대한 일본어 발음에 가깝게 싣고자 하였습니다.
- 일본어는 히라가나, 가타카나, 한자 세 종류의 문자를 사용합니다. 이 책에서는 한자에 대한 부담을 내려놓고 좀 더 쉽게 일본어를 시작할 수 있도록 전체 단어와 문장을 한자 없이 히라가나로 표기하였습니다.
- 본래 일본어에는 띄어쓰기가 없어서 어디서 끊어 읽어야 할지 감을 잡기 힘들 수 있습니다. 초반의 혼란을 방지하고 일본어 구조에 익숙해질 수 있도록 임의로 띄어쓰기를 넣었습니다.

일본어의 기본을 알아보자!

일본어 문자와 발음

히라가나/가타카나 오십음도표
탁음, 반탁음, 요음, 촉음, 발음, 장음
히라가나/가타카나 써보기

● 히라가나

🎧 00-1.mp3

일본어는 히라가나와 가타카나, 그리고 한자로 이루어져 있어! 먼저 히라가나부터 알아보자. 히라가나를 알아야 일본어 공부를 본격적으로 시작할 수 있겠지?

히라가나는 가장 기본적인 일본어 문자로, 총 46개로 되어 있어! 처음엔 다 비슷하게 생겼다고 생각할 수 있지만 하나하나 차근차근 살펴보면 차이가 보일 거야.

아래 표에서 노란색 세로줄은 모두 '○행'이라고 되어 있지? 각 행의 머리글자를 따서 '○행'이라고 불러. 예를 들어, 'か, き, く, け, こ'면 첫 글자를 따서 'か행'이라고 하면 돼!

아래 표에서 노란색 가로줄은 모두 '○단'이라고 되어 있지? 이것 역시 그 줄의 첫 글자를 따서 '○단'이라고 해. 'あ단, い단, う단, え단, お단' 5가지가 있고, 'あ단'은 그 단에 속해 있는 모든 글자가 모음 '아' 발음이 나는 것을 의미해.

	あ단	い단	う단	え단	お단
あ행	あ a 아	い i 이	う u 우	え e 에	お o 오
か행	か ka 카	き* ki 키	く ku 쿠	け ke 케	こ ko 코
さ행	さ* sa 사	し shi 시	す su 스	せ se 세	そ so 소
た행	た ta 타	ち chi 치	つ tsu 츠	て te 테	と to 토

010

な행	な na 나	に ni 니	ぬ nu 누	ね ne 네	の no 노
は행	は ha 하	ひ hi 히	ふ* fu 후	へ he 헤	ほ ho 호
ま행	ま ma 마	み mi 미	む mu 무	め me 메	も mo 모
や행	や ya 야		ゆ yu 유		よ yo 요
ら행	ら ra 라	り* ri 리	る ru 루	れ re 레	ろ ro 로
わ행	わ wa 와				を o 오
	ん n 응				

한 가지 알아둬야 할 점이 있어! さ, き, ふ, り 글자의 경우, 서체에 따라 이음새가 さきふり로 살짝 다른 경우가 종종 있어! 히라가나는 손글씨를 기반으로 만들었기 때문에 필체에 따라 이음새가 자연스럽게 이어지거나 분리되어 보이거나 했던 거야. 그것이 오늘날까지 이어진 거지. 둘 다 맞는 형태니까 편한 걸로 사용하면 돼! 이 책에서는 둘 다 쓰였으니, 모양 차이까지 눈에 자연스럽게 익혀두자!

● 가타카나

🎧 00-2.mp3

히라가나를 익혔다면 이제 가타카나 차례야! 일본어는 외국어를 그대로 가지고 와서 쓰는 경우가 많은데, 그때 외래어를 가타카나로 표기해! 또는 의성어나 의태어를 표기할 때, 혹은 어떤 단어나 말을 강조하고 싶을 때 사용해. 히라가나와 가타카나는 구성과 발음은 완전 똑같아! 다만 생긴 모양이랑 쓰임새가 다를 뿐이지. 히라가나가 둥글둥글하게 생겼다면, 가타카나는 굉장히 딱딱하게 생겼어. 각이 져 있는 게 특징이야. 히라가나, 가타카나 모두 외우고 일본어 공부를 시작하면 좋지만, 너무 헷갈려서 힘들다면 히라가나 먼저! 외우고 시작하는 것을 추천해. 가타카나는 시간을 두고 천천히 해도 괜찮아!

	ア단	イ단	ウ단	エ단	オ단
ア행	ア a 아	イ i 이	ウ u 우	エ e 에	オ o 오
カ행	カ ka 카	キ ki 키	ク ku 쿠	ケ ke 케	コ ko 코
サ행	サ sa 사	シ shi 시	ス su 스	セ se 세	ソ so 소
タ행	タ ta 타	チ chi 치	ツ tsu 츠	テ te 테	ト to 토
ナ행	ナ na 나	ニ ni 니	ヌ nu 누	ネ ne 네	ノ no 노

ハ행	ハ ha 하	ヒ hi 히	フ fu 후	ヘ he 헤	ホ ho 호
マ행	マ ma 마	ミ mi 미	ム mu 무	メ me 메	モ mo 모
ヤ행	ヤ ya 야		ユ yu 유		ヨ yo 요
ラ행	ラ ra 라	リ ri 리	ル ru 루	レ re 레	ロ ro 로
ワ행	ワ wa 와				ヲ o 오
	ン n 응				

주의! か(カ)행・た(タ)행 발음

か(カ)행과 た(タ)행은 단어의 맨 앞인지 아닌지에 따라 발음이 달라지니까 특별히 주의해줘! 먼저 か행의 か, き, く, け, こ가 단어의 맨 앞에 오면 한국어의 '카, 키, 쿠, 케, 코'와 유사한 소리를 내면 돼. 예를 들어, かしゅ(가수)는 '키슈' 이렇게. 그런데 맨 처음이 아니라 중간에 오거나 마지막에 오게 되잖아? 그럼 '까, 끼, 꾸, 께, 꼬'와 같은 소리가 나. 예를 들어, '어머니'를 뜻하는 おかあさん은 '오까-상' 이렇게. た행의 た, ち, つ, て, と도 마찬가지야. 단어의 맨 앞에 오면 '타, 치, 츠, 테, 토'에 가깝지만, 중간이나 마지막에 오면 '따, 찌, 쯔, 떼, 또'에 가까운 소리가 나. 예를 들어, たこやき(다코야키)라고 하면 '타코야끼' 이렇게 발음하는데, '아빠'를 뜻하는 おとうさん은 '오또-상'이라고 발음하거든. 이 부분은 신경 써서 발음해주면 좋아!

● 탁음

🎧 00-3.mp3

탁음은 か행, さ행, た행, は행의 문자 오른쪽 윗부분에 '゛'를 붙여서 표기해.

が ga 가	ぎ gi 기	ぐ gu 구	げ ge 게	ご go 고
ざ za 자	じ zi 지	ず zu 즈	ぜ ze 제	ぞ zo 조
だ da 다	ぢ zi 지	づ zu 즈	で de 데	ど do 도
ば ba 바	び bi 비	ぶ bu 부	べ be 베	ぼ bo 보

가타카나도 마찬가지야! 하나하나 읽어볼까?

ガ ga 가	ギ gi 기	グ gu 구	ゲ ge 게	ゴ go 고
ザ za 자	ジ zi 지	ズ zu 즈	ゼ ze 제	ゾ zo 조

ダ da 다	ヂ zi 지	ヅ zu 즈	デ de 데	ド do 도
バ ba 바	ビ bi 비	ブ bu 부	ベ be 베	ボ bo 보

● **반탁음**　　🎧 00-4.mp3

반탁음은 は행의 문자 오른쪽 윗부분에 'ㅇ'를 붙여서 표기해.

ぱ pa 파	ぴ pi 피	ぷ pu 푸	ぺ pe 페	ぽ po 포

가타카나도 마찬가지로 오른쪽 윗부분에 'ㅇ'를 붙이면 돼.

パ pa 파	ピ pi 피	プ pu 푸	ペ pe 페	ポ po 포

● 요음

🎧 00-5.mp3

요음은 자음의 い단인 き, し, ち, に, ひ, み, り, ぎ, じ, び, ぴ 옆에 や, ゆ, よ를 작게 써서 표기하는 것을 말해. 두 글자를 합친 것이지만 한 음절로 발음하는 것이 특징이야. 한국어에 비유하자면 작게 쓴 ゃ, ゅ, ょ는 우리말의 ㅑ, ㅠ, ㅛ 역할을 하는 거지.

きゃ kya 캬	きゅ kyu 큐	きょ kyo 쿄	ぎゃ gya 갸	ぎゅ gyu 규	ぎょ gyo 교
しゃ sha 샤	しゅ shu 슈	しょ sho 쇼	じゃ zya 쟈	じゅ zyu 쥬	じょ zyo 죠
ちゃ cha 챠	ちゅ chu 츄	ちょ cho 쵸	にゃ nya 냐	にゅ nyu 뉴	にょ nyo 뇨
ひゃ hya 햐	ひゅ hyu 휴	ひょ hyo 효	びゃ bya 뱌	びゅ byu 뷰	びょ byo 뵤
ぴゃ pya 퍄	ぴゅ pyu 퓨	ぴょ pyo 표	みゃ mya 먀	みゅ myu 뮤	みょ myo 묘
りゃ rya 랴	りゅ ryu 류	りょ ryo 료			

가타카나도 원리는 같아. 하나하나 차근차근 읽어보자.

キャ kya 캬	キュ kyu 큐	キョ kyo 쿄	ギャ gya 갸	ギュ gyu 규	ギョ gyo 교
シャ sha 샤	シュ shu 슈	ショ sho 쇼	ジャ zya 쟈	ジュ zyu 쥬	ジョ zyo 죠
チャ cha 챠	チュ chu 츄	チョ cho 쵸	ニャ nya 냐	ニュ nyu 뉴	ニョ nyo 뇨
ヒャ hya 햐	ヒュ hyu 휴	ヒョ hyo 효	ビャ bya 뱌	ビュ byu 뷰	ビョ byo 뵤
ピャ pya 퍄	ピュ pyu 퓨	ピョ pyo 표	ミャ mya 먀	ミュ myu 뮤	ミョ myo 묘
リャ rya 랴	リュ ryu 류	リョ ryo 료			

● 촉음

🎧 00-6.mp3

つ를 っ처럼 작게 표기한 것을 촉음이라고 해. 우리말의 받침 역할을 한다고 생각하면 편할 것 같아! 뒤에 오는 자음의 종류에 따라 4가지로 발음돼. 한번 발음해볼까? 히라가나, 가타카나 모두 동일해!

❶ か행 앞에서 ㄱ받침으로 발음

がっこう [각꼬-] 학교 | にっき [닉키] 일기

❷ さ행 앞에서 ㅅ받침으로 발음

いっさい [잇사이] 한 살 | じっさい [짓사이] 실제

❸ た행 앞에서 ㄷ받침으로 발음

ぜったい [젣타이] 절대 | おっと [옫또] 남편

❹ ぱ행 앞에서 ㅂ받침으로 발음

いっぱい [입빠이] 한 잔 | きっぷ [킵푸] 표

● 장음

🎧 00-7.mp3

일본어는 길게 발음하냐 짧게 발음하냐에 따라 단어의 뜻이 달라질 때가 있어. 이것을 장음, 단음이라고 하는데, 장음은 음절을 하나하나 끊어 발음하지 않고 한 음처럼 길게 소리 내야 해!

① あ단 뒤에 あ가 오는 경우 [아] 음을 길게 발음

   お**かあ**さん [오까-상] 어머니 | お**ばあ**さん [오바-상] 할머니

② い단 뒤에 い가 오는 경우 [이] 음을 길게 발음

   お**にい**さん [오니-상] 오빠, 형 | お**じい**さん [오지-상] 할아버지

③ う단 뒤에 う가 오는 경우 [우] 음을 길게 발음

   ゆうがた [유-가타] 저녁 | **くう**き [쿠-키] 공기

④ え단 뒤에 え 또는 い가 오는 경우 [에] 음을 길게 발음

   お**ねえ**さん [오네-상] 언니, 누나 | せん**せい** [센세-] 선생님

⑤ お단 뒤에 お 또는 う가 오는 경우 [오] 음을 길게 발음

   おおさか [오-사카] 오사카 | お**とう**さん [오또-상] 아버지

⑥ 요음 뒤에 う가 오는 경우 [우] 음을 길게 발음

   きゅうり [큐-리] 오이 | **ちゅう**おう [츄-오-] 중앙

＊ 가타카나의 장음은 'ー'로 표기해. 예를 들어 '커피'는 コーヒー [코-히-]라고 해.

● 발음 🎧 00-8.mp3

발음 ん은 우리말의 받침과 비슷한 역할을 한다고 생각하면 되는데, ん 뒤에 오는 음절에 따라 ㅇ, ㄴ, ㅁ으로 발음해!

❶ さ행, ざ행, な행, た행, だ행, ら행 앞에서는 ㄴ받침으로 발음

しんせつ [신세츠] 친절 | べんり [벤리] 편리 | みんな [민나] 모두

❷ ま행, ば행, ぱ행 앞에서는 ㅁ받침으로 발음

かんぱい [캄빠이] 건배 | しんぶん [심붕] 신문 | しんぱい [심빠이] 걱정

❸ 나머지는 모두 ㅇ받침으로 발음

おんがく [옹가쿠] 음악 | でんわ [뎅와] 전화 | かんこく [캉코쿠] 한국

천천히 써보면서 모양을 익혀볼까?
칸을 다 채우지 않아도 돼!
다 외우지 않아도 돼!
부담 없이 쓰고 싶은 만큼 써보자♥

히라가나

1. 청음

あ [a 아]	あ	あ			
い [i 이]	い	い			
う [u 우]	う	う			
え [e 에]	え	え			
お [o 오]	お	お			

か행

か [ka 카] 　か　か

き [ki 키] 　き　き

く [ku 쿠] 　く　く

け [ke 케] 　け　け

こ [ko 코] 　こ　こ

さ행

 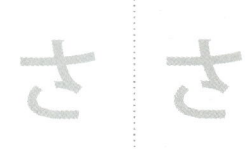

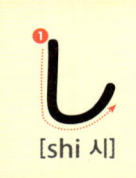 

 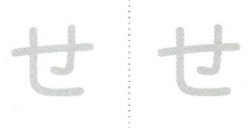

た행

た [ta 타]

ち [chi 치]

つ [tsu 츠]

て [te 테]

と [to 토]

は행

は [ha 하]	は	は		
ひ [hi 히]	ひ	ひ		
ふ [fu 후]	ふ	ふ		
へ [he 헤]	へ	へ		
ほ [ho 호]	ほ	ほ		

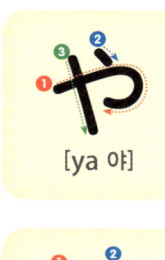

⚠️ 헷갈리기 쉬운 모양이 비슷한 글자

あ [a 아]		は [ha 하]	
お [o 오]		ほ [ho 호]	
き [ki 키]		ぬ [nu 누]	
さ [sa 사]		め [me 메]	

わ행

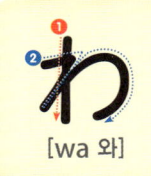
[wa 와]

わ わ

[o 오]

を を

[n 응]

ん ん

⚠ 헷갈리기 쉬운 모양이 비슷한 글자

い [i 이]		け [ke 케]	
り [ri 리]		は [ha 하]	
ち [chi 치]		す [su 스]	
ら [ra 라]		む [mu 무]	

031

2. 탁음

が행

が	が	が			
[ga 가]					

ぎ	ぎ	ぎ			
[gi 기]					

ぐ	ぐ	ぐ			
[gu 구]					

げ	げ	げ			
[ge 게]					

ご	ご	ご			
[go 고]					

ざ행

ざ [za 자]
ざ ざ

じ [ji 지]
じ じ

ず [zu 즈]
ず ず

ぜ [ze 제]
ぜ ぜ

ぞ [zo 조]
ぞ ぞ

だ행

| だ [da 다] | だ | だ | | | |

| ぢ [ji 지] | ぢ | ぢ | | | |

| づ [zu 즈] | づ | づ | | | |

| で [de 데] | で | で | | | |

| ど [do 도] | ど | ど | | | |

🟠 ば행

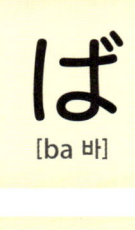
[ba 바]

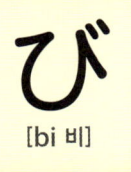
[bi 비]

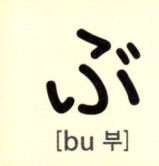
[bu 부]

[be 베]

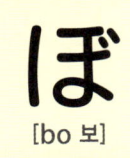
[bo 보]

3. 반탁음

ぱ행

ぱ [pa 파]	ぱ	ぱ			
ぴ [pi 피]	ぴ	ぴ			
ぷ [pu 푸]	ぷ	ぷ			
ぺ [pe 페]	ぺ	ぺ			
ぽ [po 포]	ぽ	ぽ			

4. 요음

きゃ [kya 캬]		ぎゃ [gya 갸]	
きゅ [kyu 큐]		ぎゅ [gyu 규]	
きょ [kyo 쿄]		ぎょ [gyo 교]	
しゃ [sha 샤]		じゃ [ja 쟈]	
しゅ [shu 슈]		じゅ [ju 쥬]	
しょ [sho 쇼]		じょ [jo 죠]	

ちゃ [cha 챠]	ちゃ	**にゃ** [nya 냐]	にゃ
ちゅ [chu 츄]	ちゅ	**にゅ** [nyu 뉴]	にゅ
ちょ [cho 쵸]	ちょ	**にょ** [nyo 뇨]	にょ
ひゃ [hya 햐]	ひゃ	**びゃ** [bya 뱌]	びゃ
ひゅ [hyu 휴]	ひゅ	**びゅ** [byu 뷰]	びゅ
ひょ [hyo 효]	ひょ	**びょ** [byo 뵤]	びょ

ぴゃ [pya 퍄]	ぴゃ		みゃ [mya 먀]	みゃ	
ぴゅ [pyu 퓨]	ぴゅ		みゅ [myu 뮤]	みゅ	
ぴょ [pyo 표]	ぴょ		みょ [myo 묘]	みょ	
りゃ [rya 랴]	りゃ				
りゅ [ryu 류]	りゅ				
りょ [ryo 료]	りょ				

가타카나

1. 청음

カ행

カ [ka 카]

キ [ki 키]

ク [ku 쿠]

ケ [ke 케]

コ [ko 코]

タ행

[ta 타]

[chi 치]

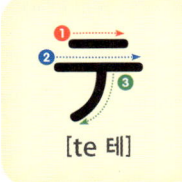
[tsu 츠]

[te 테]

[to 토]

ハ행

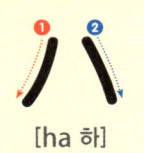
[ha 하]

[hi 히]

[fu 후]

[he 헤]

[ho 호]

マ행

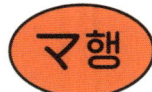

マ [ma 마]	マ	マ			
ミ [mi 미]	ミ	ミ			
ム [mu 무]	ム	ム			
メ [me 메]	メ	メ			
モ [mo 모]	モ	モ			

ヤ행

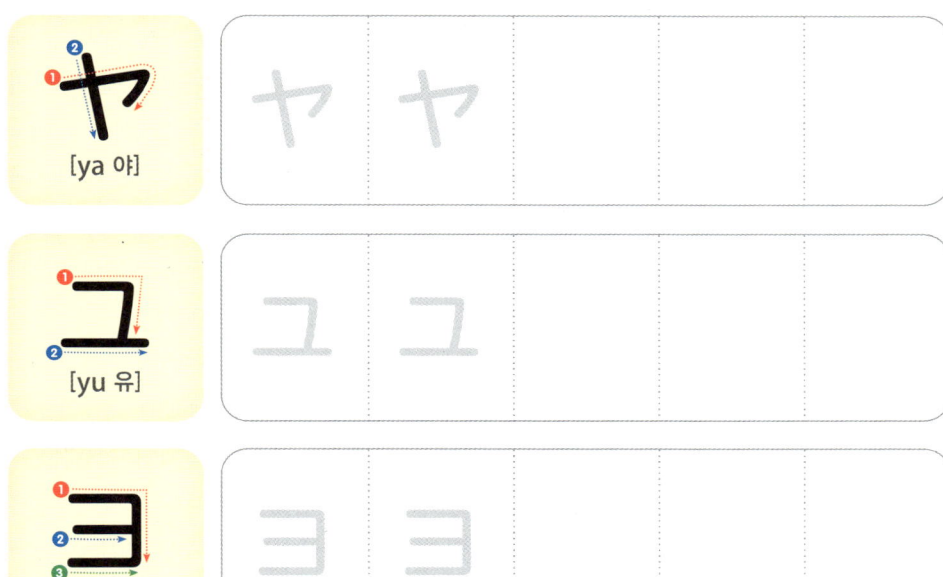

⚠️ 헷갈리기 쉬운 모양이 비슷한 글자

ア [a 아]		テ [te 테]	
マ [ma 마]		ラ [ra 라]	
ス [su 스]		シ [shi 시]	
ヌ [nu 누]		ツ [tsu 츠]	

ワ행

ワ [wa 와]

ヲ [o 오]

ン [n 응]

⚠️ 헷갈리기 쉬운 모양이 비슷한 글자

エ [e 에]		ク [ku 쿠]	
コ [ko 코]		ワ [wa 와]	
コ [ko 코]		ソ [so 소]	
ユ [yu 유]		ン [n 응]	

2. 탁음

행

| ガ
[ga 가] | ガ | ガ | | | |

| ギ
[gi 기] | ギ | ギ | | | |

| グ
[gu 구] | グ | グ | | | |

| ゲ
[ge 게] | ゲ | ゲ | | | |

| ゴ
[go 고] | ゴ | ゴ | | | |

ザ행

ザ [za 자]	ザ	ザ			
ジ [ji 지]	ジ	ジ			
ズ [zu 즈]	ズ	ズ			
ゼ [ze 제]	ゼ	ゼ			
ゾ [zo 조]	ゾ	ゾ			

ダ행

ダ [da 다]	ダ	ダ			
ヂ [ji 지]	ヂ	ヂ			
ヅ [zu 즈]	ヅ	ヅ			
デ [de 데]	デ	デ			
ド [do 도]	ド	ド			

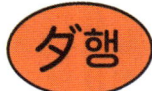

バ행

バ [ba 바]
バ バ

ビ [bi 비]
ビ ビ

ブ [bu 부]
ブ ブ

ベ [be 베]
ベ ベ

ボ [bo 보]
ボ ボ

3. 반탁음

パ행

パ [pa 파]	パ	パ			
ピ [pi 피]	ピ	ピ			
プ [pu 푸]	プ	プ			
ペ [pe 페]	ペ	ペ			
ポ [po 포]	ポ	ポ			

4. 요음

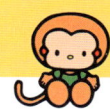

キャ [kya 캬]	キャ	ギャ [gya 갸]	ギャ
キュ [kyu 큐]	キュ	ギュ [gyu 규]	ギュ
キョ [kyo 쿄]	キョ	ギョ [gyo 교]	ギョ
シャ [sha 샤]	シャ	ジャ [ja 쟈]	ジャ
シュ [shu 슈]	シュ	ジュ [ju 쥬]	ジュ
ショ [sho 쇼]	ショ	ジョ [jo 죠]	ジョ

ピャ [pya 퍄]	ピャ	ミャ [mya 먀]	ミャ
ピュ [pyu 퓨]	ピュ	ミュ [myu 뮤]	ミュ
ピョ [pyo 표]	ピョ	ミョ [myo 묘]	ミョ
リャ [rya 랴]	リャ		
リュ [ryu 류]	リュ		
リョ [ryo 료]	リョ		

차근차근 시작해보자!

본격 일본어 첫걸음

DAY 01 ~ DAY 20

HELLO KITTY

DAY 01

저는 헬로키티입니다.

わたしは ハローキティです。

 오늘은 자신의 이름이나 직업을 소개하는 표현을 배워볼 거야.
'나'를 지칭하는 일본어 표현도 알아보자고!

오늘 배울 표현을 확인해봐!

와 따시 와   하 로 - 키 티 데 스
わたしは ハローキティです。　　　　　　저는 헬로키티입니다.

각 세 - 데 스 까
がくせいですか。　　　　　　　　　　　　학생입니까?

와 따시　　　　　 와　　　　　　 데 스　　　　　　 각 세 -　　　　　　 데 스 까　　　　　 보 쿠
わたし 나 ｜ **〜は** ~은/는 ｜ **〜です** ~입니다 ｜ **がくせい** 학생 ｜ **〜ですか** ~입니까? ｜ **ぼく** 나 ｜
센 세 -
せんせい 선생님

함께 알아보자

🎧 01-1.mp3

오늘 배울 표현을 하나하나 알기 쉽게 설명해볼게.

와 따시 와 하 로 - 키 티 데 스
わたしは ハローキティです。

저는 헬로키티입니다.

● **わたし** (와따시)　　　　　　　　　　　나, 저

'나'를 지칭하는 가장 기본적인 말이야. 가장 많이 쓰지. 나를 지칭하는 표현은 わたし(와따시) 이외에 ぼく(보쿠), おれ(오레), あたし(아따시) 등이 있는데 〈함께 읽어보자〉에서 자세하게 알아볼게!

● **～は** (와)　　　　　　　　　　　　　~은/는

～は(와)는 한국어의 조사 '~은/는'에 해당해. 한국어로 '~은/는'이라고 써야 하는 상황이 생기면 대부분 ～は(와)를 써주면 돼. 이건 히라가나로는 사실 '하'라고 읽는 발음이지만 '~은/는'이라고 쓸 때에는 '와'라고 읽어줘야 해. 꼭 기억해줘.

● **わたしは** 저는　　● **ぼくは** 저는
（와따시 와）　　　　　（보쿠 와）

● **ハローキティ**
  (하로-키티)

헬로키티

더 많은 산리오 캐릭터를 알아보자! '마이멜로디'는 マイメロディ(마이메로디), '쿠로미'는 クロミ(쿠로미), '시나모롤'은 シナモロール(시나모로-루), '폼폼푸린'은 ポムポムプリン(포므포므푸린), '포차코'는 ポチャッコ(포챠코). 큐알코드를 찍어서 확인해봐! 그런데 네 이름은 뭐야? 네 이름도 알려줘!

● **〜です**
  (데스)

~입니다

〜です(데스)는 명사 뒤에 나오면 '~입니다'라고 해석하면 돼. 이름이나 직업을 얘기할 때 쓰지. 오늘의 표현처럼 "헬로키티입니다."라고 하려면 ハローキティ(하로-키티) 뒤에 〜です(데스)를 붙여주면 돼. 간단하지?

● **くろみです。** 쿠로미입니다. (쿠로미 데스)
● **ポムポムプリンです。** 폼폼푸린입니다. (포므포므푸린 데스)

062

がくせいですか
각세-데스까

학생입니까?

● がくせい   학생
  각세-

がくせい(각세-)는 '학생'이라는 뜻이야. 히라가나를 외운 사람은 알겠지만 히라가나 그대로 읽으면 '가쿠세이'잖아? 그런데 이 단어는 '각세-'로 읽어야 해. 복잡한 문법 용어는 언급하지 않을게. 그냥 '학생'은 '각세-'라고 기억해둬!

● ～ですか   ~입니까?
  데스까

"~입니까?" 하고 물어보고 싶을 때에는 ～です(데스) 뒤에 ～か(까)만 붙이면 돼. 어렵지 않지?

● がくせいですか。학생입니까?   ● せんせいですか。선생님입니까?
  각세-데스까   센세-데스까

함께 읽어보자

🎧 01-2.mp3

앞서 배운 것들을 조금 더 확장해서 알아볼까?

한국에서는 자기 자신에 대해 말할 때 '나' 혹은 '저' 두 가지 단어가 일반적이지만 일본에는 '나'를 칭하는 말이 굉장히 많아! 그렇다면 마음에 드는 것으로 아무거나 사용하면 될까? 그건 아니야. 내 말을 듣고 있는 상대가 어떤 사람이냐에 따라 다른 표현을 써. 어떻게 다른지 하나씩 알아볼까?

 '나'를 말하는 표현

와 따 시 わたし	가장 기본적인 '나'를 지칭하는 말이야. 가장 무난하고, '나, 저' 둘 다로 해석이 가능해! 어떤 상황에서 사용해도 어색하지 않고 무례하지 않아. 이걸 가장 일반적으로 많이 써.
보 쿠 ぼく	'남자'인 사람이 자신을 칭할 때 쓰는 표현이야. 공식적인 자리만 아니면 어른들 앞에서도, 친구들 앞에서도 편하게 사용할 수 있어!
아 따 시 あたし	보통 여자들이 많이 사용하는 표현이고, 여성스러운 느낌이 나. 엄청 격식 있는 표현은 아니지만, 일상생활에서 편하게 사용할 수 있어.
오 레 おれ	ぼく(보쿠)보다는 살짝 거친 느낌으로 격의 없는 친구 사이에서 흔히 사용해. 보통 남자가 쓰는 말이지. 공식적이거나 격식 있는 자리에서는 무례하게 들리니까 조심해야 해!

함께 풀어보자

🎧 01-3.mp3

문제를 풀면서 확인해볼까?
어렵지 않으니 겁먹지 말라고!

1 뜻이 같은 단어끼리 연결해보자.

~입니까?　　•　　　　　•　① せんせい
~입니다　　•　　　　　•　② がくせい
나　　　　　•　　　　　•　③ です
선생님　　　•　　　　　•　④ ですか
학생　　　　•　　　　　•　⑤ わたし

2 빈칸에 들어갈 알맞은 단어는?

1 저는 학생입니다.　わたし_____がくせいです。

① は　　② の　　③ が　　④ を

2 저는 폼폼푸린입니다.　わたしは ポムポムプリン_____。

① です　　② ですか　　③ ます　　④ ますか

3 선생님입니까?　せんせいです_____。

① は　　② が　　③ の　　④ か

065

함께 써보자

오늘 배운 내용을 토대로 문장을 써볼까? 쓰면서 입으로 말해보는 것도 잊지 마~!

🎧 01-4.mp3

❶ わたしは ハローキティです。 저는 헬로키티입니다.

❷ ぼくは がくせいです。 저는 학생입니다.

❸ ポムポムプリンですか。 폼폼푸린입니까?

❹ せんせいですか。 선생님입니까?

오늘 처음 공부하면서 어땠어?
공부하면서 하나 의문이 들 수도 있을 것 같아. 물어보는 표현인데도 일본어는 글을 쓸 때 물음표 '?'를 쓰지 않아.

せんせいですか。 선생님입니까?

'。' 이렇게 속이 빈 동그라미를 쓰지.
물론, 일상생활에서 문자를 보내거나 할 때에는 내 의도를 분명히 하기 위해서 물음표를 쓰기도 해. 하지만 원래 일본어 문법에는 맞지 않아.
글을 제대로 써야 하는 상황에서는 의문문을 쓸 때에도 '。'를 써야 한다는 것을 잊지 말아줘! 또, 조심해야 할 것은 한국처럼 '.' 이렇게 점을 찍는 게 아니라 꼭 속이 빈 동그라미를 크게 그려줘야 한다는 거야.
그럼 물어보는 건지 아닌지 어떻게 아냐고? 의문문은 대부분 か(까)로 끝나기 때문에 엄청나게 헷갈리지는 않아!

HELLO KITTY

DAY 02

당신은 누구입니까?

あなたは だれですか。

 오늘은 상대방이 누구인지 물어보는 표현을 배워볼 거야.
'당신' 혹은 '너'를 지칭하는 일본어 표현을 알아보자고!

오늘 배울 표현을 확인해봐!

_{아 나 타 와 다 레 데 스 까}
あなたは だれですか。   당신은 누구입니까?

_{아 나 타 노 나 마 에 와 난 데 스 까}
あなたの なまえは なんですか。   당신의 이름은 무엇입니까?

_{아나타} あなた 당신, 너 | _{다레} だれ 누구 | _노 ～の ～의 | _{나마에} なまえ 이름 | _난 なん 무엇 | _{키미} きみ 너 | _{토모다치} ともだち 친구

함께 알아보자

 02-1.mp3

오늘 배울 표현을 하나하나 알기 쉽게 설명해볼게.

아 나 타 와 다 레 데 스 까
あなたは だれですか。

당신은 누구입니까?

아 나 타
● **あなた**　　　　　　　　　　　　　　　　　　　　당신

상대방인 '당신'을 지칭하는 가장 기본적인 말이야. 〈DAY 01〉에서는 '나'를 지칭하는 말이 많았지? 일본은 상대방을 지칭하는 표현도 많아. きみ(키미), おまえ(오마에) 등이 있는데 〈함께 읽어보자〉에서 자세히 알아볼게!

다 레
● **だれ**　　　　　　　　　　　　　　　　　　　　　누구

'누구'라는 뜻이야. 사람에 대한 정보를 묻는 말이지. 보통 "누구세요?, 누구입니까?"라고 물어보게 되지? 그때는 だれ(다레)에 '~입니까?'를 뜻하는 ～ですか(데스까)만 붙여주면 돼.

다 레 데 스 까
● **だれですか。** 누구입니까?

069

あなたの なまえは なんですか。
<small>아나타노 나마에와 난 데스까</small>

당신의 이름은 무엇입니까?

● **〜の** <small>노</small> ~의

보통 명사 뒤에 붙어서 '~의'라고 해석이 돼. 소유격이라고도 하지. '~의'로 해석되는 모든 말에 쓸 수 있어. 그래서 보통 명사와 명사 사이에 위치하게 되지. 위 문장에서와 같이 あなた(아나타)와 なまえ(나마에) 사이에 の(노)를 넣으면 '당신의 이름'이라는 뜻이 되는 거야. 이처럼 '나의 책'에도 の(노)를 쓸 수 있어.

● **わたしの ほん** <small>와따시 노 홍</small> 나의 책　● **あなたの ともだち** <small>아나타 노 토모다치</small> 당신의 친구

● **なまえ** <small>나 마 에</small> 이름

'이름'이라는 단어야. 가끔 앞에 お(오)를 붙여서 おなまえ(오나마에)라고도 해. なまえ(나마에)가 '이름'이라면 おなまえ(오나마에)는 '성함, 존함' 정도로 해석할 수 있을 것 같아. 좀 더 격식을 갖춘 표현이지. 일본 여행을 가서 음식점에 대기를 걸어놓으면 직원이 '이름이 어떻게 되세요?'라고 할 때 おなまえ(오나마에)라고 할걸? 알아두면 좋겠지?

● なん _난 　　　　　　　　　　　　　　　　　　　　　　　　　　　무엇

なん(난)은 '무엇'이라는 뜻인데, 사실 なに(나니)를 편하게 발음한 말이야. '무엇'을 なに(나니)라고 하거든. 근데 なにですか(나니데스까)라고 하지 않고, なんですか(난데스까)라고 발음하기 편하게 말하는 거야. 오히려 '나니데스까'라고 하면 어색하게 들려. 물론, 매번 なん(난)이라고 하는 것은 아니야. 상황에 따라 다르지만 뒤에 〜ですか(데스까)가 오면 무조건 '난'이라고 하면 돼!

함께 읽어보자

🎧 02-2.mp3

앞서 배운 것들을 조금 더 확장해서 알아볼까?

<DAY 01>에서는 '나'를 지칭하는 말에 대해 알아봤으니까 이번 시간에는 상대방을 지칭할 때 쓰는 표현들을 알아보자! 상대방을 지칭하는 '당신, 너'를 뜻하는 말도 굉장히 많아! 하지만 이것도 마찬가지로 내가 마음에 든다고 아무거나 써도 되는 건 아니야. 상대를 존중하는 말이 있고, 친구끼리만 쓸 수 있는 표현이 있어. 어떤 것들이 있는지 알아볼까?

 '너'를 말하는 표현

아 나 타 **あなた**	상대를 지칭하는 가장 기본적인 말이야. 가장 무난하고 '너, 당신' 둘 다로 해석이 가능해. 맥락에 따라 달라질 수는 있지만, 일반적으로 무례하지 않고 정중하게 사용할 수 있는 표현이야. 다만, 한국에서도 나보다 훨씬 나이가 많거나 하면 '당신'이라고 하지 않지? 일본에서도 마찬가지야. 그러니까 어느 정도 비슷한 또래거나 아랫사람인 상대를 존중할 때 쓰는 표현이야.
키 미 **きみ**	'너'라는 뜻이야. 보통 나보다 나이가 어리거나 같을 때 친근하게 부르는 표현이야. 엄청 친하지 않더라도 반말할 수 있을 정도인 상대에게 쓰는 단어지. 유명한 영화 제목도 있어. <너의 이름은.>의 일본 애니메이션 제목에서 '너'를 きみ(키미)라고 해.
오 마 에 **おまえ**	마찬가지로 '너'라는 뜻이야. きみ(키미)보다 훨씬 친한 사이에서 쓸 수 있어. 친구들 사이에서 많이 써. 실제로 일본 일상생활에서 정말 많이 들을 수 있는 '너'라는 표현이야. 하지만 함부로 쓰면 위험해. 무례하게 들릴 수 있거든. 진짜 친한 친구가 되었을 때에만 쓰도록 하자!

함께 풀어보자

02-3.mp3

문제를 풀면서 확인해볼까?
어렵지 않으니 겁먹지 말라고!

1 뜻이 같은 단어끼리 연결해보자.

당신 •   • ① だれ
이름 •   • ② なん
친구 •   • ③ あなた
누구 •   • ④ なまえ
무엇 •   • ⑤ ともだち

2 빈칸에 들어갈 알맞은 단어는?

1 당신은 누구입니까? あなたは _____ ですか。

① きみ　　② だれ　　③ どこ　　④ なん

2 당신의 친구는 누구입니까?
あなた_____ ともだちは だれですか。

① は　　② と　　③ を　　④ の

3 친구의 이름은 무엇입니까? ともだちの なまえは _____ ですか。

① なん　　② だれ　　③ あなた　　④ きみ

함께 써보자

02-4.mp3

오늘 배운 내용을 토대로 문장을 써볼까?
쓰면서 입으로 말해보는 것도 잊지 마~!

❶ あなたは だれですか。 당신은 누구입니까?

❷ あなたの なまえは なんですか。 당신의 이름은 무엇입니까?

❸ あなたの ともだちは だれですか。 당신의 친구는 누구입니까?

❹ ともだちの なまえは なんですか。 친구의 이름은 무엇입니까?

모두 함께 수다 타임

일본에는 '나'와 '너'를 지칭하는 표현이 많다고 했잖아. 왜 그럴까? 사실 일본은 사람과 사람 사이의 '관계'를 굉장히 중요하게 생각해. 구체적으로 말하면 상대와 나의 '서열'이 중요한 거야. '사무라이'라고 들어봤어? 일본은 옛날에 '사무라이'들이 활약했었지? 그 옛날 사무라이식 문화가 남긴 언어 표현 방식이야. 그래서 상대에 따라서 나를 뭐라고 부르는지, 내가 상대방을 어떻게 부르는지에 따라 상대방에 대한 생각이 고스란히 드러나는 거지. 높고 낮음이 있는 거야.

예를 들어, 한국에서도 나이 많은 사람에게 '너'라고 하지 않잖아? 이처럼 '너'라고 부르는 것은 나랑 같거나 나보다 아래로 생각한다는 뜻이야. 이런 뜻을 내포한 많은 단어들이 있는 거지. 문화적 차이랄까? 신기하지?

상대방을 지칭하는 표현에 '서열'이 드러나는 경우가 많다 보니 최근에는 '이름'을 부르는 문화도 더 발달하게 됐어. 나보다 나이가 많든 적든 이름을 부르면 돼. '○○상'이라고 하는 거 들어봤지? 이렇게 이름 뒤에 さん(상)을 붙이면 그 사람을 존중하면서 상대를 부를 수 있는 표현이 돼. 여기에는 서열이라기보다 상대에 대한 존중만이 드러나기 때문에 요즘은 이름을 많이 부르곤 해. 남편과 아내 사이에서도 이름을 부르는 게 흔할 정도니까.

HELLO KITTY

DAY 03

여기는 어디입니까?

ここは どこですか。

오늘은 여기, 거기, 저기, 어디 등 위치를 물어보거나 장소를 이야기할 때 빠질 수 없는 위치 표현에 대해 알아보자고!

오늘 배울 표현을 확인해봐!

코꼬와 도꼬데스까
ここは どこですか。　　　　　　　　여기는 어디입니까?

토이레와 아소꼬데스
トイレは あそこです。　　　　　　　화장실은 저기입니다.

코꼬　　　　도꼬　　　　토이레　　　　　아소꼬　　　　카 훼
ここ 여기 | **どこ** 어디 | **トイレ** 화장실 | **あそこ** 저기 | **カフェ** 카페

함께 알아보자

🎧 03-1.mp3

오늘 배울 표현을 하나하나
알기 쉽게 설명해볼게.

코 꼬 와 도 꼬 데 스 까
ここは どこですか。

여기는 어디입니까?

● 코 꼬 ここ　　　　　　　　　　　　　　　　　여기

'여기'라는 뜻이야. 앞에 있는 こ(코)는 '이, 그, 저, 어느'라고 지칭할 때 쓰는 '이'에 해당해. 두 번째 こ(꼬)는 장소를 지칭할 때 쓰는 말이지. 합쳐서 '여기'가 되는 거야. '코꼬'라고 말하면 돼.

● 도 꼬 どこ　　　　　　　　　　　　　　　　　어디

'어디'라는 뜻이야. ど(도)는 '이, 그, 저, 어느'라고 지칭할 때 쓰는 '어느'에 해당해. 두 번째 こ(꼬)는 마찬가지로 장소를 지칭할 때 쓰는 말이야. 그래서 '어디'가 되는 거지. '도꼬'라고 발음해주면 돼. '어디입니까?'는 どこ(도꼬)에 ～ですか(데스까)만 붙여주면 돼.

<small>토 이 레 와 아 소 꼬 데 스</small>
トイレは あそこです。

화장실은 저기입니다.

● <small>토 이 레</small>
トイレ　　　　　　　　　　　　　　　　　　화장실

'화장실'이라는 뜻이야. 영어 toilet을 그대로 쓴 건데, 외래어는 가타카나로 써야 하거든. 그래서 가타카나로 '토이레'라고 쓴 거야. トイレ(토이레)는 가장 일반적으로 쓰는 표현이지만, おてあらい(오테아라이)라고도 해. 둘 다 '화장실'이라는 뜻이야.

● <small>아 소 꼬</small>
あそこ　　　　　　　　　　　　　　　　　　저기

'저기'라는 뜻이야. 맨 앞에 나와 있는 あ(아)는 '이, 그, 저, 어느'의 '저'라는 뜻이고 마지막에 こ(꼬)가 붙었으니 장소를 지칭하는 말이기 때문에 '저기'가 돼. 그럼 あこ(아꼬)가 되어야 할 것 같지만 그렇지 않고 '저기'는 꼭 あそこ(아소꼬)라고 발음해줘야 해. 헷갈리지 않도록 해!

함께 읽어보자

🎧 03-2.mp3

앞서 배운 것들을 조금 더 확장해서 알아볼까?

'여기, 거기, 저기, 어디' 등 장소를 지칭하는 표현은 일상생활에서도 굉장히 많이 쓰지? 앞에서도 배웠지만 같이 한번 정리해 보자. 일단, '이, 그, 저, 어느'에 해당하는 표현은 こ, そ, あ, ど야. '코, 소, 아, 도' 잊지 말고 기억해둬!

 '장소'를 말하는 표현

ここ 코 꼬	앞에서 설명했지만 다시 한 번 해볼까? ここ(코꼬)는 '여기'라는 뜻이야. 첫 번째 こ(코)는 '이'에 해당해. 두 번째 こ(꼬)는 장소를 지칭하고 싶을 때 써! 정확한 발음은 첫 번째 '코'는 '고'와 '코' 사이, 두 번째 '코'는 '코'와 '꼬' 사이라고 생각하면 조금 더 자연스러워! '코꼬'와 같은 느낌이랄까?
そこ 소 꼬	'거기'라는 뜻이야. '소꼬'라고 읽어. 맨 앞의 そ(소)는 '이, 그, 저, 어느'의 '저'에 해당해. 뒤에 있는 こ(꼬)는 장소를 지칭할 때 붙으니까 そこ(소꼬)는 '거기'라는 뜻이 되는 거야. 사실 여기서도 뒤에 있는 '코'를 '코'와 '꼬' 사이를 발음한다고 생각하고 말하면 더 자연스러워! '소꼬!'
あそこ 아 소 꼬	'저기'라는 뜻이야. '저'를 뜻하는 あ(아)와 장소를 지칭하는 こ(꼬)가 만나지만, 중간에 そ(소)를 넣어줘야 하는 번거로움이 있지. 헷갈리지 말고 꼭 あそこ(아소꼬)라고 해줘야 해! 여기서도 마찬가지로 마지막의 こ(꼬)는 '코'와 '꼬' 사이를 발음해줘!
どこ 도 꼬	'어디'라는 뜻이야. '어느'를 뜻하는 ど(도)와 장소를 지칭하는 こ(꼬)가 만나서 탄생했지. 이제 말하지 않아도 알겠지? '도코'와 '도꼬' 사이를 발음해주면 더 자연스러운 일본어가 된다는 사실!

함께 풀어보자

🎧 03-3.mp3

문제를 풀면서 확인해볼까?
어렵지 않으니 겁먹지 말라고!

❶ 뜻이 같은 단어끼리 연결해보자.

여기 •   • ① どこ
거기 •   • ② そこ
저기 •   • ③ あそこ
어디 •   • ④ ここ

❷ 빈칸에 들어갈 알맞은 단어는?

1 저기는 어디입니까?　あそこは どこ_____。

① ですか　　② です　　③ か　　④ そこ

2 화장실은 어디입니까?　_____は どこですか。

① なん　　② どこ　　③ トイレ　　④ おてつだい

3 여기는 카페입니다.　_____は カフェです。

① ここ　　② そこ　　③ あそこ　　④ どこ

함께 써보자

🎧 03-4.mp3

오늘 배운 내용을 토대로 문장을 써볼까?
쓰면서 입으로 말해보는 것도 잊지 마~!

❶ ここは どこですか。 여기는 어디입니까?

❷ トイレは どこですか。 화장실은 어디입니까?

❸ トイレは あそこです。 화장실은 저기입니다.

❹ そこは カフェです。 거기는 카페입니다.

모두 함께 수다 타임

일본 화장실과 한국 화장실에는 큰 차이점이 있어. 바로 일본 가정집 화장실은 보통 건식 화장실이라는 거야. 한국은 대부분 욕실에 화장실이 같이 있는 반면 일본에는 화장실과 욕실을 따로 두는 구조가 많아. 그렇다 보니 보통 화장실이 건조한 건식인 경우가 대부분이지. 왜 그런 걸까?

일본은 욕조 문화가 발달했어. 하루 일과가 끝나면 가족들이 돌아가면서 욕조에 물을 채워서 하루의 피로를 풀곤 해. 그렇다 보니 씻는 시간이 길고, 욕실의 습한 환경이 오래 유지될 수밖에 없거든. 그래서 화장실을 따로 두는 게 편했던 거지. 문화에 따라 집의 구조가 달라진다는 게 신기하지 않아? 언어를 배우는 것도 좋지만 문화적 차이를 함께 알아가는 것도 정말 재미있는 것 같아.

마지막으로, '화장실'은 トイレ(토이레)라고 하는 것도 잊지 마! 혹은 おてあらい(오테아라이)라고도 해. おてあらい(오테아라이)는 トイレ(토이레)보다 조금 더 정중한 표현이야. 상대나 상황에 따라 공손하게 말해야 할 때는 おてあらい(오테아라이)를 쓰는 게 좋아. トイレ(토이레), おてあらい(오테아라이) 둘 다 알아두면 좋겠지?

DAY 04

이것은 당신의 것입니까?
これは あなたのですか。

 오늘은 사물을 지칭하는 표현에 대해 배워볼 거야.
'이것, 그것, 저것, 어느 것' 어떻게 말할까? 시작해보자!

오늘 배울 표현을 확인해봐!

코레와 아나타노데스까
これは あなたのですか。   이것은 당신의 것입니까?

아레오 쿠다사이
あれを ください。   저것을 주세요.

코레	노	아레	오	쿠다사이	이모―토	오미즈
これ 이것	～の ～의 것	あれ 저것	～を ～을/를	ください 주세요	いもうと 여동생	おみず 물

083

함께 알아보자

🎧 04-1.mp3

오늘 배울 표현을 하나하나 알기 쉽게 설명해볼게.

^{코 레 와 아 나 타 노 데 스 까}
これは あなたのですか。

이것은 당신의 것입니까?

● ^{코 레} **これ**   이것

'이것'이라는 뜻이야. <DAY 03>에서 '이, 그, 저, 어느'에 해당하는 말을 배웠던 거 기억나? こ(코)는 '이'에 해당했지? 여기에 れ(레)를 붙이면 사물을 지칭하는 표현이 돼. 그래서 '코레'가 되는 거야.

● ^노 **～の**   ~의 것

<DAY 02>에서 の(노)를 배웠어. '~의'라는 뜻이었지? 하지만 두 번째 뜻이 있어. '~의 것'이라는 뜻이야. 어떻게 구별하냐고? 맥락과 상황에 따라 스스로 파악해야 해. 하지만 어렵진 않아. 예를 들어 あなたの(아나타노) 뒤에 아무런 명사도 나오지 않는다면 '당신의 것'이라고 해석하는 거지.

● ^{이 모 − 토 노} **いもうとの** 여동생의 것   ● ^{와 따 시 노} **わたしの** 나의 것

^{아 레 오 쿠 다 사 이}
あれを ください。

저것을 주세요.

● ^{아 레} **あれ**　　　　　　　　　　　　　　　　　　　　　　저것

'저것'이라는 뜻이야. あ(아)로 시작하니까 '저'라는 의미겠지? 뒤에 れ(레)가 붙으면 사물을 지칭하는 표현이 돼. 그래서 '저것'이 되는 거야.

● ^오 **～を**　　　　　　　　　　　　　　　　　　　　　　~을/를

한국어 '~을/를'에 해당하는 조사야. 보통 목적어 뒤에 사용하지. 발음에 조심해. 정확한 '오'가 아니라 '오'와 '어' 사이의 발음이야. '오'에 '어'가 약간 섞인 느낌이랄까?

● ^{미 즈 오}**みずを** 물을　● ^{아 나 타 오}**あなたを** 당신을

● <ruby>くださいゃ<rt>쿠 다 사 이</rt></ruby>　　　　　　　　　　　　　　주세요

'주세요'라는 뜻이야. 상대방에게 무언가를 요구할 때 '주세요'라고 하잖아? 그럴 때 사용하면 돼. 그냥 '쿠다사이' 하면서 달라고 할 수도 있지만, 앞에 받고 싶은 물건을 말하는 것도 좋겠지? 받고 싶은 물건을 말하고 ～を ください(오 쿠다사이)라고 하면 돼. 이때 を(오)는 생략해도 괜찮아.

● <ruby>おみずを<rt>오 미 즈 오</rt></ruby> <ruby>ください<rt>쿠 다 사 이</rt></ruby>。 물을 주세요.

함께 읽어보자

🎧 04-2.mp3

앞서 배운 것들을 조금 더 확장해서 알아볼까?

'이, 그, 저, 어느'에 해당하는 こ(코), そ(소), あ(아), ど(도)에 대해 배웠던 것 잊지 않았지? 이번 시간에도 이어서 배운다고 생각하면 좋을 것 같아. 이 '코, 소, 아, 도' 뒤에 れ(레)를 붙이면 사물을 지칭하는 표현이 돼. 하나씩 살펴볼까?

 '사물'을 말하는 표현

코 레 これ	앞에서 설명했지만 다시 한 번 점검해보자. これ(코레)는 '이것'이라는 뜻이야. こ(코)는 '이'에 해당하고 뒤의 れ(레)는 사물을 지칭할 때 붙이면 돼. 보통 말하는 사람에게 가까운 물건을 지칭할 때 사용해. 사물을 지칭한다고 했으니까 당연히 사람한테 쓰면 안 되겠지? 사람한테 これ(코레)라고 하면 굉장히 무례하게 들릴 수 있어. 사물한테만 쓴다는 것, 유의하자!
소 레 それ	'그것'이라는 뜻이야. そ(소)는 '이, 그, 저, 어느'의 '그'에 해당해. 거기에 れ(레)가 붙었으니까 '그것'이 되겠지. 이제 원리가 조금 이해되지? それ(소레)라고 하면 보통 듣는 사람에게 가까운 물건을 지칭해.
아 레 あれ	'저것'이라는 뜻이야. あ(아)니까 '이, 그, 저, 어느'의 '저'에 해당하겠지? 뒤에 사물을 지칭하는 れ(레)가 왔으니까 '저것'이 되는 거야. 보통 말하는 사람이나 듣는 사람 모두에게서 멀리 떨어진 것을 지칭할 때 あれ(아레)라고 해.
도 레 どれ	'어느 것'이라는 뜻이야. ど(도)는 '어느'에 해당하잖아. 그래서 그대로 れ(레)를 붙여서 '어느 것'이라고 해석해주면 되는 거야. 보통 궁금해서 물어볼 때 사용해. どれですか(도레데스까), '어느 것입니까?' 하고 말이야.

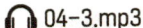

함께 풀어보자

문제를 풀면서 확인해볼까?
어렵지 않으니 겁먹지 말라고!

1 뜻이 같은 단어끼리 연결해보자.

이것 •   • ① あれ
그것 •   • ② どれ
저것 •   • ③ それ
어느 것 •   • ④ これ

2 빈칸에 들어갈 알맞은 단어는?

1 저것은 나의 것입니까? あれは わたし_____ですか。

① は   ② ど   ③ そ   ④ の

2 이것을 주세요. これ_____ください。

① は   ② を   ③ の   ④ こ

3 당신의 것은 어느 것입니까? あなたのは _____ですか。

① それ   ② あれ   ③ どれ   ④ これ

함께 써보자

오늘 배운 내용을 토대로 문장을 써볼까?
쓰면서 입으로 말해보는 것도 잊지 마~!

04-4.mp3

❶ これは あなたのですか。 이것은 당신의 것입니까?

❷ あれを ください。 저것을 주세요.

❸ ともだちのは どれですか。 친구의 것은 어느 것입니까?

❹ おみずを ください。 물을 주세요.

모두 함께 수다 타임

한국어와 일본어는 어순도 비슷하고 한자를 쓰기 때문에 발음이 비슷한 것도 많아. 하지만 다른 점도 많지. 오늘은 비슷하지만 살짝 다른 어휘에 대해 알려줄게. '이것저것'이라고 하잖아. 예를 들어 '이것저것 만지지 마.'처럼 말이야. 여기서 '이것저것'이라는 것은 여러 개의 사물을 통틀어 이르는 말이야. 하나에만 집중한 게 아니라 정말 말 그대로 이것도 만지고 저것도 만지고, 단 두 개만 만지는 게 아니라 여러 개를 막 만지니까 '이것저것'이라고 하는 거지. 일본어에도 정말 비슷한 표현이 있어!

말 그대로 번역하면 これあれ(코레아레)가 되지만 이렇게 쓰지 않고 반대로 뒤집어서 あれこれ(아레코레)라고 해. 한국어로 번역하면 '저것이것'이지만 뜻은 크게 다르지 않지? '이것저것, 여러 가지, 이리저리'라는 뜻이 있어.

또 하나, 일본 영화나 드라마를 보면 등장인물들이 '아레?'라고 할 때가 있어. 오늘 우리가 배운 あれ(아레)는 '저것'이라는 뜻이지만 영화나 드라마에서 등장인물이 당황할 때 "아레?"라고 하는 건 '어라?'라는 뜻이야. 놀라거나 의외의 상황이 벌어졌을 때 내는 소리지.

끝을 올려서 あれ?(아레?)라고 하면 '어?, 어랍쇼?, 아니?, 어머나?' 같은 뉘앙스가 되는 거지. 재미있지 않아? 한번 따라해볼까? "あれ?(아레?)"

HELLO KITTY

DAY 05

이쪽은 제 어머니입니다.

こちらは わたしの ははです。

오늘은 이쪽, 그쪽 등 방향을 지칭하는 표현에 대해서 배워볼 거야.
여러 상황에서 쓸 수 있으니까 제대로 알아보자고!

오늘 배울 표현을 확인해봐!

코치라와 와따시노 하하데스
こちらは わたしの ははです。   이쪽은 제 어머니입니다.

코치라데 오네가이시마스
こちらで おねがいします。   이쪽으로 부탁합니다.

코치라 하하 데 오네가이시마스 오까-상
こちら 이쪽 | はは 어머니 | ~で ~(으)로 | おねがいします 부탁합니다 | おかあさん 어머니 |
치치 오또-상 쿠레짓토카-도 요로시꾸 라-멘
ちち 아버지 | おとうさん 아버지 | クレジットカード 신용카드 | よろしく 잘 | ラーメン 라면

함께 알아보자

🎧 05-1.mp3

오늘 배울 표현을 하나하나 알기 쉽게 설명해줄게.

_{코 치 라 와 와 따 시 노 하 하 데 스}
こちらは わたしの ははです。

이쪽은 제 어머니입니다.

● _{코 치 라}
こちら   이쪽

'이쪽'이라는 뜻이야. '이, 그, 저, 어느'에 해당하는 표현을 잊지 않았지? 맨 처음 こ(코)는 '이'에 해당돼. 뒤에 있는 ちら(치라)는 방향을 지칭할 때 쓰는 표현이야. '코치라'라고 발음하면 돼. 길이나 방향을 가리킬 때 '이쪽'이라는 뜻으로 쓸 수 있지만 '이쪽은 ○○입니다'라고 사람을 소개할 때에도 사용할 수 있어.

● _{하 하}
はは   어머니, 엄마

'어머니, 엄마'라는 뜻이야. 보통 자신의 엄마를 상대방에게 말할 때에는 はは(하하)라고 해. おかあさん(오까-상)이라는 표현을 써도 괜찮아! 그럼 '아버지, 아빠'는 뭐라고 할까? ちち(치치) 또는 おとうさん(오또-상)이라고 해! ちち(치치)는 나의 아버지를 상대방한테 말할 때 쓰는 표현이야.

● _{오 까 - 상} **おかあさん** 어머니, 엄마   ● _{치 치} **ちち** 아버지, 아빠   ● _{오 또 - 상} **おとうさん** 아버지, 아빠

^{코 치 라 데 오 네 가 이 시 마 스}
こちらで おねがいします。

이쪽으로 부탁합니다.

● ^데～で   ~(으)로

'~(으)로'라는 뜻이야. 여기서 '~(으)로'라는 것은 '수단'일 때에만 쓸 수 있어. 어떤 수단을 통해서 무언가를 할 때, 그 수단 뒤에 ～で(데)를 붙이는 거지. 예를 들어, '전철로 간다'고 하면 전철이 수단이니까 전철 뒤에 ～で(데)를 붙일 수 있어. 또 결제는 '카드로 할게요'라고 할 때에도 카드가 결제 수단이기 때문에 카드 뒤에 ～で(데)를 붙이면 돼!

● ^{쿠 레 짓 토 카 - 도 데 오 네 가 이 시 마 스} クレジットカードで おねがいします。 신용카드로 부탁합니다.

● ^{오 네 가 이 시 마 스}おねがいします   부탁합니다

'부탁합니다'라는 뜻이야. 누군가에게 정중하게 부탁하고 싶을 때 사용하는 표현이지. 또 남에게 '잘 부탁합니다'라고 할 때에도 사용할 수 있어. 일본인들이 정말 많이 쓰는 표현이야. 음식점에서 메뉴를 주문할 때에도 쓸 수 있어. '라-멘, おねがいします(오네가이시마스)' 이렇게 말이야!

● ^{요 로 시 쿠 오 네 가 이 시 마 스} よろしく おねがいします。 잘 부탁합니다.
● ^{라 - 멘 오 네 가 이 시 마 스} ラーメン、おねがいします。 라면 부탁합니다(주세요).

함께 읽어보자

🎧 05-2.mp3

앞서 배운 것들을 조금 더 확장해서 알아볼까?

방향을 지칭하는 표현들을 하나하나 같이 살펴보자. 길을 물을 때에도 유용하고, 일상생활에서도 많이 쓰는 말이니까 알아두면 일상 회화에 도움이 되겠지?

 '**방향**'을 말하는 표현

코 치 라 **こちら**	'이쪽'이라는 뜻이었지? 앞에서 배웠지만 다시 한 번 정리해볼까? '이'에 해당하는 こ(코)와 방향을 지칭하는 ちら(치라)가 만났어. 그래서 '이쪽'이라는 단어가 된 거야. こちら(코치라)는 こっち(콧찌)라고 조금 더 편하게 말하기도 해. 사실 こちら(코치라)를 쓰는 것이 훨씬 격식 있어 보여. 공손한 느낌이 든달까?
소 치 라 **そちら**	'그쪽'이라는 뜻이야. 이제 혼자서 추측해 볼 수 있겠지? '이, 그, 저, 어느'의 '그'에 해당하는 そ(소)와 방향을 지칭하는 ちら(치라)가 만나서 そちら(소치라)가 됐어. そちら(소치라)도 마찬가지로 줄여서 캐주얼하게 말할 수 있어. そっち(솟찌)라고 하면 돼.
아 치 라 **あちら**	'저쪽'이라는 뜻이야. '이, 그, 저, 어느'의 '저'에 해당하는 あ(아)와 방향을 지칭하는 ちら(치라)가 만나서 あちら(아치라)가 됐어. あちら(아치라)는 어떻게 편하게 말할 수 있을까? あっち(앗찌)가 되겠지? 간단하지?
도 치 라 **どちら**	마지막으로 '어느 쪽'이라는 뜻이야. 보통 '어느 쪽입니까?'라는 문장에서 많이 쓰겠지? '어느'를 뜻하는 ど(도)와 방향을 지칭하는 ちら(치라)가 만나 탄생한 단어야. 또, 두 개의 선택지를 놓고 "어느 쪽이 좋아요?"라고 할 때에도 쓸 수 있어. どちら(도치라)도 편하게 바꿔서 말할 수 있어. どっち(돗찌)라고 하면 돼.

함께 풀어보자

05-3.mp3

문제를 풀면서 확인해볼까?
어렵지 않으니 겁먹지 말라고!

1 뜻이 같은 단어끼리 연결해보자.

이쪽 • • ① そちら
그쪽 • • ② こちら
저쪽 • • ③ どっち
어느 쪽 • • ④ あっち

2 빈칸에 들어갈 알맞은 단어는?

1 이쪽은 제 아버지입니다.
こちら_____ わたしの ちちです。

① で　　② を　　③ の　　④ は

2 이쪽으로 부탁합니다.　こちら_____ おねがいします。

① を　　② で　　③ の　　④ は

3 잘 부탁드립니다. _____ おねがいします。

① こちら　② そちら　③ よろしく　④ どちら

함께 써보자

05-4.mp3

오늘 배운 내용을 토대로 문장을 써볼까?
쓰면서 입으로 말해보는 것도 잊지 마~!

❶ こちらは わたしの ははです。 이쪽은 제 어머니입니다.

❷ こちらは わたしの ちちです。 이쪽은 제 아버지입니다.

❸ こちらで おねがいします。 이쪽으로 부탁합니다.

❹ クレジットカードで おねがいします。 신용카드로 부탁합니다.

모두 함께 수다 타임

'엄마'를 おかあさん(오까-상)이라고 하지? 사실, おかあさん(오까-상)은 내 어머니를 내가 부르거나, 상대방의 어머니에 대해 얘기할 때 쓰는 말이야. 자신의 엄마를 상대방에게 얘기할 때에는 はは(하하)라고 하는 것이 문법적으로는 옳아. 하지만 상대방에게 얘기할 때 わたしの おかあさん(와따시노 오까-상)이라고 하기도 해.

'아빠'는 뭐라고 할까? 본인의 아버지를 부르거나 상대방의 아버지를 말할 때에는 おとうさん(오또-상)이라고 해. 나의 아버지를 상대방에게 말할 때에는 ちち(치치)라고 해. 이렇게 같은 사람을 내 가족인지, 남의 가족인지에 따라 나눠 부르는 것이 특이하지?

또 한 가지 특이한 것이 있어. 바로 부모님을 부르는 호칭 문화인데, 일본에서는 부모님과 유대 관계가 깊다면 엄마, 아빠의 본명을 부르는 것도 괜찮아. 한국에서 부모님을 부를 때 부모님의 이름을 부른다? 너무나 버릇없게 들리잖아. 하지만 일본에서는 꽤 흔한 일이야. 만약 엄마의 이름이 '아야코'라면 자식이 부모에게 '아야코~'라고 부르는 거야. 일본은 그만큼 관계적인 호칭보다 이름을 불러주는 문화가 한국보다 발달되어 있어. 문화 차이지!

HELLO KITTY

DAY 06

저는 운동선수였습니다.

わたしは うんどうせんしゅでした。

오늘은 '~이었습니다'라는 과거형을 배워 볼 거야.
어렵지 않으니까 겁먹지 말고 시작해 보자!

오늘 배울 표현을 확인해봐!

와 따 시 와 운 도 - 센 슈 데 시 타
わたしは うんどうせんしゅでした。　저는 운동선수였습니다.

아 노 히 토 가 케 - 사 쯔 칸 데 시 타
あの ひとが けいさつかんでした。　저 사람이 경찰관이었습니다.

운 도 -　　　　　센 슈　　　　　데 시 타　　　　　아 노　　　히 토　　　　가
うんどう 운동 | せんしゅ 선수 | ～でした ~이었습니다 | あの 저 | ひと 사람 | ～が ~이/가 |
케 - 사 쯔 칸
けいさつかん 경찰관

함께 알아보자

 06-1.mp3

오늘 배울 표현을 하나하나 알기 쉽게 설명해볼게.

와 따시 와 운 도 - 센 슈 데시타
わたしは うんどうせんしゅでした。

저는 운동선수였습니다.

● <ruby>うんどう<rt>운 도 -</rt></ruby> 　　　　　　　　　　　　　　　　운동

'운동'이라는 뜻이야. 한국어와 발음이 비슷하지? 한자어이기 때문이야. 한자에서 비롯된 단어는 발음이 비슷한 경우가 많아. 정확히는 '운도-'라고 발음해줘. '도우'가 아니라 '도-'를 길게 끌어주는 거야. '운도-'!

● <ruby>せんしゅ<rt>센 슈</rt></ruby> 　　　　　　　　　　　　　　　　선수

'선수'라는 뜻이야. '센슈'라고 하는데 이것도 뭔가 한국어랑 발음이 비슷하지? 마찬가지로 한자어이기 때문이야. 아직은 한자를 몰라도 괜찮아. 겁먹지 않아도 돼! '선수'를 어떻게 일본어로 말하는지만 알면 돼. 그래도 히라가나로는 쓸 줄 알아야겠지?

● ～でした
데 시 타

~이었습니다

'~이었습니다'라는 뜻이야. ～です(데스)가 '~입니다'인 것 기억나? ～でした(데시타)는 ～です(데스)의 과거형이야. 그래서 '~이었습니다'로 해석하는 거지. 보통 명사 뒤에 붙어서 과거형 문장을 만들어줘.

あの ひとが けいさつかんでした。
아 노 히 토 가 케 - 사 쯔 칸 데 시 타

저 사람이 경찰관이었습니다.

● あの
아 노

저

앞에서 배운 '이, 그, 저, 어느' 기억하지? あ(아)는 '저'에 해당한다고 했어. 그렇다면 '저 라면'이라고 하고 싶으면 あ ラーメン(아 라-멘)이라고 하면 될 것 같지? 하지만 사실은 그렇지 않아. 독립적인 명사 앞에 '저'를 쓰고 싶다면 あ(아)는 단독으로 쓸 수 없어. 그래서 중간에 の(노)를 꼭 넣어줘야 해. 그럼 あの ラーメン(아노 라-멘)이 되겠지?

○ 히 토
ひと　　　　　　　　　　　　　사람

'사람'이라는 뜻이야. 그럼 '사람들'은 어떻게 말할까? ひとびと라고 해. '히토비토'!

○ 가
〜が　　　　　　　　　　　　　~이/가

조사 '~이/가'에 해당돼. 보통 주어 명사 뒤에 오지. 한국어로 '~이/가'에 해당하면 다 〜が(가)를 쓸 수 있다고 생각하면 돼.

● ひとが 사람이　　● せんしゅが 선수가

○ 케 - 사 쯔 칸
けいさつかん　　　　　　　　　경찰관

'경찰관'이라는 뜻이야. '경찰'이라고 하고 싶으면 かん(칸)을 빼고 けいさつ(케-사쯔)라고 하면 돼. 발음에 유의해야 하는데, '케이사츠칸'이 아니라 '케-사쯔칸'이라고 하는 게 더 자연스러워. 모음 '에' 소리 뒤에 '이'가 나오면 앞의 '에' 소리를 길게 내줘야 해. 여기서는 '케'잖아? 그래서 '케-사쯔칸'이 되는 거지. 장음 법칙이 어렵게 느껴진다면 19페이지를 한 번 더 확인해보자!

함께 읽어보자

🎧 06-2.mp3

앞서 배운 것들을 조금 더 확장해서 알아볼까?

직업은 정말 다양하고 많지만, 대표적인 직업들을 일본어로 어떻게 말하는지 알아보자. 직업에는 한자어가 많아서 한국어랑 발음이 비슷하게 나는 것들도 꽤 있어. 하나씩 소리 내서 말해볼까?

 '직업'을 말하는 표현

이 샤 いしゃ	'의사'를 '이샤'라고 해. 한국어랑 발음이 비슷하니까 기억하기 쉽겠지? いし(이시)라고도 할 수 있어. 둘 다 써도 상관없어. 하지만 いし(이시)는 좀 더 딱딱한 느낌이 들어서 いしゃ(이샤)를 평소 회화에서는 더 많이 쓰는 것 같아.
센 세 - せんせい	'선생님'이라는 뜻이야. 글자 그대로 읽으면 '센세이'지만 마지막 い(이) 앞에 '에' 소리가 나는 せ(세)가 있지? 그래서 せ(세)를 길게 소리 내는 거야. 그럼 '센세-'가 되겠지? 일본어는 장음이 굉장히 중요해. 처음에는 구분이 힘들 수 있지만 자꾸 듣고 말하다 보면 익숙해질 거야!
유 - 츄 - 바 - ユーチューバー	'유튜버'야. 요즘 가장 인기 있는 직업이기도 하지. 영어라서 가타카나로 그대로 표현해줬어. 가타카나로 발음하면 '유-츄-바-'가 되겠네. 가타카나는 장음을 'ー'로 표시해. 잘 알아볼 수 있게 표시해주니까 편하지? '유-츄-바-' 길~게 한 글자씩 발음해주면 돼.
카 이 샤 잉 かいしゃいん	회사에 다니는 '직장인'을 뜻하는 말이야. '카이샤잉'이라고 발음해주면 돼. 그대로 직역하면 '회사원'이라는 뜻이야. 일본에서는 サラリーマン(사라리-망)이라고도 해. 영어 '샐러리맨'에서 온 단어지. 장음에 유의해서 발음해줘!
코 - 무 잉 こうむいん	'공무원'이라는 뜻이야. 히라가나는 '코우무잉'이지만 '코-무잉'이라고 발음해. 모음이 '오' 소리가 나는 히라가나 뒤에 う(우)가 붙으면 앞의 '오' 소리를 길게 내줘야 하거든. 그래서 '코-무잉'이라고 해야 자연스러워.

함께 풀어보자

06-3.mp3

문제를 풀면서 확인해볼까?
어렵지 않으니 겁먹지 말라고!

1 뜻이 같은 단어끼리 연결해보자.

경찰관 •   • ① かいしゃいん
의사   •   • ② こうむいん
공무원 •   • ③ けいさつかん
유튜버 •   • ④ ユーチューバー
회사원 •   • ⑤ いしゃ

2 빈칸에 들어갈 알맞은 단어는?

1 저는 운동선수였습니다. わたしは うんどうせんしゅ_____。

① です   ② でした   ③ ですか   ④ ます

2 저 사람이 경찰관이었습니다.
あの ひと_____ けいさつかんでした。

① を   ② の   ③ で   ④ が

3 제 아버지는 선생님이었습니다.
わたし_____ ちちは せんせいでした。

① を   ② の   ③ で   ④ が

함께 써보자

06-4.mp3

오늘 배운 내용을 토대로 문장을 써볼까?
쓰면서 입으로 말해보는 것도 잊지 마~!

① わたしは うんどうせんしゅでした。 저는 운동선수였습니다.

② あの ひとが けいさつかんでした。 저 사람이 경찰관이었습니다.

③ その ひとは ユーチューバーでした。 그 사람은 유튜버였습니다.

④ わたしの ははは せんせいでした。 제 어머니는 선생님이었습니다.

모두 함께 수다 타임

너는 학교 수업이 끝나고 뭐 해? 혹은 뭘 했어? 한국에서는 보통 방과 후 공부를 하거나 학원을 가는 게 일반적이잖아. 일본도 방과 후 활동이라는 것이 있는데, 한국과 사뭇 달라.

보통 중학교에서는 학교 일과가 끝나면 '방과 후 활동'이라는 것을 하는데 대부분의 학생들은 스포츠 동아리 활동을 해. 일본에서는 이것을 ぶかつ(부카츠)라고 해. 한국어로 그대로 번역하면 '부 활동'이라는 건데, 한국 학교에서 쉽게 접할 수 없는 운동들을 경험할 수 있어. 탁구, 유도, 검도, 소프트테니스, 수영, 배구, 축구, 농구, 야구 등을 학교 내에서 접할 수 있어. 더 신기한 것은 학교 선생님이 주도하는 활동이 아니라 실제 전문 코치가 와서 강습해주는 경우가 많아. 나라에서 지원이 되거든. 이렇게 해서 프로 선수로 크는 친구들도 있지만 대부분은 학창시절의 재미있는 스포츠 경험을 갖게 되는 거지. 왜 대부분의 학생들이 이런 경험을 하게 되냐? 일본인들은 '스포츠'와 '일상'을 떼려야 뗄 수 없는 관계라고 생각하거든. 심지어 취업 면접 때도 학생 때 어떤 ぶかつ(부카츠)를 했는지 물어보기도 해. 이 정도면 일본 사람들이 얼마나 '부카츠'에 진심인지 알겠지? 이런 문화 차이가 재미있는 것 같아.

너는 취미로 하고 싶은 운동이 있어? 꼭 운동이 아니어도 좋아. 취미가 뭐야? 취미가 없다면, 갖고 싶은 취미는 뭐야?

HELLO KITTY

DAY 07

저자 강의
예문 mp3

저 사람은 여자가 아닙니다.

あの ひとは おんなでは ありません。

오늘은 '~입니다'의 부정형인 '~이/가 아닙니다'에 대해 배워볼 거야.
그리고 '남자'와 '여자'를 뜻하는 단어들에 대해서도 알려줄게!

오늘 배울 표현을 확인해봐!

아노 히토와 온나데와아리마셍
あの ひとは おんなでは ありません。

저 사람은
여자가 아닙니다.

센세-와 오토코쟈 나이데스
せんせいは おとこじゃ ないです。

선생님은
남자가 아닙니다.

온나   데와아리마셍   오토코   쟈 나이데스
おんな 여자 | **~では ありません** ~이/가 아닙니다 | **おとこ** 남자 | **~じゃ ないです** ~이/가 아닙니다

106

함께 알아보자

🎧 07-1.mp3

오늘 배울 표현을 하나하나 알기 쉽게 설명해볼게.

_{아 노 히 토 와   온 나 데 와 아 리 마 셍}
あの ひとは おんなでは ありません。

저 사람은 여자가 아닙니다.

● _{온 나}
おんな　　　　　　　　　　　　　여자

―――

'여자'라는 뜻이야. 성별에 초점을 맞춘 단어지. 말할 때에는 '온나' 하고 너무 두 글자처럼 말하지 말고, '오ㄴ나'와 같이 세 글자라는 느낌을 살짝 주는 게 좋아. ん(응)을 한국어 받침처럼 앞 글자와 합쳐서 한 글자처럼 발음하지 않는 게 일본어에서는 더 자연스럽게 느껴져.

● _{데 와 아 리 마 셍}
～では ありません　　　　　～이/가 아닙니다

―――

'~이/가 아닙니다'라는 뜻이야. '~이/가 아닙니다'라고 하면 ～が ありません(가 아리마셍)을 떠올릴 수 있겠지만, ～が ありません(가 아리마셍)이라고 하면 '~이/가 없습니다'라는 뜻이 돼. 전혀 다른 의미가 되지. '~이/가 아닙니다' 하고 부정하고 싶을 때에는 부정형이라는 표시를 내줘야 해. 그게 ～では(데와)인 거지. '○○가 아니다'라고 부정하고 싶을 때에는 항상 ～では(데와)를 잊지 말아줘! 발음은 '데와'라고 하면 돼. 쓸 때는 は(하)지만 조사로 쓰였을 때에는 '와'로 읽기 때문에 '데하'가 아니라 '데와'니까 조심해!

せんせいは おとこじゃ ないです。
<small>센세-와 오토코 쟈 나이데스</small>

선생님은 남자가 아닙니다.

● **おとこ** <small>오토코</small> — 남자

'남자'라는 뜻이야. '남자'라는 성별에 초점을 맞춘 단어야. おんな(온나)의 반대말이기도 해. '오토코'라고 발음하면 되는데, '오토코'와 '오또꼬'의 중간 소리를 내주면 자연스러워!

● **〜じゃ ないです** <small>쟈 나이데스</small> — ~이/가 아닙니다

'~이/가 아닙니다'라는 뜻이야. 앞에서 〜では ありません(데와 아리마셍)을 배웠잖아? 〜じゃ ないです(쟈 나이데스)와 똑같은 뜻이야. 〜では(데와)의 축약형을 〜じゃ(쟈)라고 해. 그리고 ありません(아리마셍)은 ないです(나이데스)와 똑같은 말이야. 그래서 서로 섞어서 써도 괜찮아. 〜じゃ ありません(쟈 아리마셍) 혹은 〜では ないです(데와 나이데스)라고 해도 전혀 문제없어. 본인이 편한 것을 골라 쓰면 돼. 일상생활에서 편하게 많이 쓰는 말은 〜じゃ ないです(쟈 나이데스)야. 좀 더 캐주얼한 느낌이랄까? 〜では ありません(데와 아리마셍)이라고 하면 정석으로 말하는 느낌이야. 좀 더 격식 있는 표현이지.

함께 읽어보자   🎧 07-2.mp3

앞서 배운 것들을 조금 더 확장해서 알아볼까?

일본에서 '남자'와 '여자'를 나타내는 말에는 여러 가지가 있어. 어떤 단어들이 있는지, 각 단어들은 어떤 차이가 있는지 가볍게 살펴보자.

 '성별'을 말하는 표현

온 나 **おんな**	'여자'라는 뜻이고 성별에 초점을 맞춘 표현이야. '여자'의 사전적 의미인 거지. 사실 '여자'라기보다 '여'에 가까운 느낌이야. 그래서 어떤 사람을 가리키면서 '온나'라고 하면 무례하게 느낄 수 있어. 이럴 때는 じょせい(죠세ー)라고 하면 돼. 아래에서 좀 더 자세히 설명할게.
오 토 코 **おとこ**	'남자'라는 뜻이고, '남자'의 사전적 의미가 강한 표현이야. おんな(온나)의 반대말이기도 해. 사실 '남자'라기보다는 '남'에 가까운 말이지. 마찬가지로 특정한 사람을 지칭하면서 '오토코'라고 하면 무례하게 느낄 수 있으니 조심해야 해. 이럴 때는 아래에서 설명하겠지만 だんせい(단세ー)라고 하면 돼.
죠 시 **じょし**	'여자'라는 뜻이야. 말 그대로 '여자'라는 한자를 그대로 읽으면 '죠시'가 돼. 단어 자체는 모든 연령에서 쓸 수 있지만 보통 성인이 되지 않은 어린 여자를 지칭하는 표현이야.
단 시 **だんし**	'남자'라는 뜻이야. 말 그대로 '남자'라는 한자를 그대로 읽으면 '단시'가 돼. '죠시'와 마찬가지로 단어 자체는 모든 연령에서 쓸 수 있지만 보통 성인이 되지 않은 어린 남자를 지칭하는 표현이야.
죠 세 ー **じょせい**	'여성'이라는 뜻이야. 보통 '성인 여성'을 일컫는 말이지. 특정인을 지칭하면서 '죠세ー'라고 해도 무례하게 느껴지지 않기 때문에 무난하게 쓸 수 있는 표현이야. 한국어로도 '여자'보다는 '여성'이 조금 더 격식 있게 느껴지지 않아? 그리고 '죠세이'가 아니라 '에' 발음이 나는 せ(세) 뒤에 い(이)가 왔기 때문에 せ(세)를 길게 늘려서 '죠세ー'라고 하는 것 잊지 마!
단 세 ー **だんせい**	'남성'이라는 뜻이야. 보통 '성인 남성'을 일컫는 말이지. じょせい(죠세ー)의 반대말이고, 마찬가지로 어떠한 특정인을 지칭하면서 '단세ー'라고 해도 무례하게 느껴지지 않아. 무난하게 남성을 가리킬 때 쓸 수 있어. 남성도 여성과 똑같이 せ(세)를 길게 늘려서 '단세ー'라고 하는 것 잊지 마!

함께 풀어보자

07-3.mp3

문제를 풀면서 확인해볼까?
어렵지 않으니 겁먹지 말라고!

1 뜻이 같은 단어끼리 연결해보자.

여자 • • ① だんせい
남자 • • ② おんな
남성 • • ③ では ありません
~이/가 아닙니다 • • ④ おとこ

2 빈칸에 들어갈 알맞은 단어는?

1 저는 남자가 아닙니다.　わたしは おとこ_____ ありません。

　① で　　② は　　③ が　　④ じゃ

2 저 사람은 여자가 아닙니다.
あの ひとは おんな_____ ありません。

　① が　　② では　　③ の　　④ ざ

3 이것은 제 것이 아닙니다.　これは わたしのでは _____。

　① でした　② です　③ ないです　④ ないでした

함께 써보자

🎧 07-4.mp3

오늘 배운 내용을 토대로 문장을 써볼까?
쓰면서 입으로 말해보는 것도 잊지 마~!

❶ あの ひとは おんなでは ありません。 저 사람은 여자가 아닙니다.

❷ せんせいは おとこじゃ ないです。 선생님은 남자가 아닙니다.

❸ あれは ほんじゃ ありません。 저것은 책이 아닙니다.

❹ それは クレジットカードでは ないです。 그것은 신용카드가 아닙니다.

모두 함께 수다 타임

일본은 남녀를 구별해서 기념하는 날이 있어. 한국에서는 '어버이날'에 엄마와 아빠를 함께 챙겨드리고, '어린이날'도 성별에 관계없이 어린이들을 챙겨주잖아? 그런데 일본은 성별을 나눠서 각각 기념일로 정했어.

먼저 어린이날부터 볼까? 남자 어린이날과 여자 어린이날이 있어. 남자 어린이날은 5월 5일로 한국과 같아. 그리고 여자 어린이날은 3월 3일이야. 하지만 5월 5일만 공휴일이기 때문에 최근에는 5월 5일에 모두를 챙겨주는 분위기인 것 같아.

또, 일본에는 '아버지의 날'과 '어머니의 날'이 따로 있는데, 아버지의 날은 매년 6월 셋째 주 일요일이고, 어머니의 날은 매년 5월 둘째 주 일요일이야. 날짜가 아니라 '몇 째 주 무슨 요일'이라고 지정해놓은 것도 조금 특이하지?

아버지의 날에는 노란 꽃을 선물하는 것이 문화라고 해. 그리고 어머니의 날에는 빨간 카네이션을 선물한다고 해. 어느 나라나 예쁜 꽃에 마음을 담는 건 비슷한가 봐. 또, 부모님을 공경하고 생각하는 마음은 어디든 같은 것 같지? 그런 의미로 오늘은 부모님께 사랑한다고 말해볼까?

HELLO KITTY

DAY 08

그것은 흰색이 아니었습니다.

それは しろでは ありませんでした。

오늘은 '~이/가 아니었습니다'라는 과거 부정형에 대해 배워볼 거야.
그리고 대표적인 색상 몇 가지도 일본어로 알려줄게!

오늘 배울 표현을 확인해봐!

| 소레와 시로데와 아리마 센 데시타 | 그것은 흰색이 |
| それは しろでは ありませんでした。 | 아니었습니다. |

소레와 와따시노 유카타 쟈 나 캇 타데스	그것은
それは わたしの ゆかたじゃ なかったです。	제 유카타가
	아니었습니다.

시로　　　　　데와아리마 센 데시타
しろ 흰색 | **~では ありませんでした** ~이/가 아니었습니다 | **ゆかた** 유카타(일본 전통 의상) |
쟈　나캇타데스　　　　　　　　　　　　쿠로　　　키모노
~じゃ なかったです ~이/가 아니었습니다 | **くろ** 검정 | **きもの** 기모노(일본 전통 의상)

113

함께 알아보자

🎧 08-1.mp3

오늘 배울 표현을 하나하나 알기 쉽게 설명해볼게.

소레와 시로데와 아리마센 데시타
それは しろでは ありませんでした。

그것은 흰색이 아니었습니다.

● **시로**
しろ   흰색

'흰색'이라는 뜻이야. 일본 만화 '짱구는 못 말려'에서 짱구가 키우는 흰둥이 알아? 그 '흰둥이'를 일본 만화에서는 '시로'라고 해. 너무 귀엽지 않아?

● 데와 아리마 센 데시타
~では ありませんでした   ~이/가 아니었습니다

'~이/가 아니었습니다'라는 뜻이야. 〈DAY 07〉에서 '~이/가 아닙니다' 배웠던 거 기억나? ~では ありません(데와 아리마센)이었지? 여기에 ~でした(데시타)만 붙이면 과거형이 돼. 처음에는 길어서 어렵게 느껴질 수 있지만 익숙해지면 자연스럽게 말할 수 있을 거야. '~이/가 아닙니다/아니었습니다'라고 할 때에는 조사 ~が(가)가 아니라 ~では(데와)를 쓴다는 것도 잊지 마!

    쿠로 데와 아리마 센 데시타
● **くろでは ありませんでした。** 검은색이 아니었습니다.

114

^{소 레 와 와따시노 유카타 쟈}
それは わたしの ゆかたじゃ
^{나 캇 타 데 스}
なかったです。

그것은 제 유카타가 아니었습니다.

● ^{유 카 타}
ゆかた　　　　　　　　　　　　　유카타

'유카타'가 뭔지 알아? 일본 전통 의상 중 하나인데, 한국에는 '한복'이 있고, 그 한복을 편하게 일상생활에서 입는 '생활한복'이 있잖아. 유카타는 '생활한복'에 가깝다고 생각하면 이해가 쉬울 것 같아. 일본 전통 의상인 '기모노'가 있고 그것을 평소에 입고 다니기 편하게 만든 것이 '유카타'거든. 지금도 평소에 입고 다니는 사람들이 많아.

● ^{쟈　나 캇 타 데 스}
～じゃ なかったです　　　　～이/가 아니었습니다

'~이/가 아니었습니다'라는 뜻이야. <DAY 07>에서 '~이/가 아닙니다'라는 뜻의 ～じゃ ないです(쟈 나이데스) 배웠던 거 기억나? 이 표현의 과거형이야. 한 가지 조심해야 할 것은 ありませんでした(아리마센데시타)처럼 뒤에 ～でした(데시타)만 붙이는 간단한 변형이 아니라는 거야. ～じゃ ないでした(쟈 나이데시타)는 틀린 표현이고 일본어에는 없는 문법이야. ～じゃ ないです(쟈 나이데스)를 과거형으로 만들고 싶다면 꼭 ～じゃ なかったです(쟈 나캇타데스)라고 해줘야 해. 헷갈리겠지만 외워둬야겠지? 물론 여기서도 ～では(데와)와 ～じゃ(쟈)는 서로 바꿔 쓸 수 있어. 완전히 똑같은 표현이거든. ～では なかったです(데와 나캇타데스), ～じゃ ありませんでした(쟈 아리마센데시타)라고 써도 돼!

● ^{키 모 노　쟈　나 캇 타 데 스}
きものじゃ なかったです。 기모노가 아니었습니다.

함께 읽어보자

🎧 08-2.mp3

앞서 배운 것들을 조금 더 확장해서 알아볼까?

흰색, 검은색을 배웠으니까 다른 색은 일본어로 어떻게 말하는지 한번 알아보자!

 '색'을 말하는 표현

_{아 까} **あか**	'빨강'이야. 한국에서도 색상으로 '빨갛다' 하고 형용사로 쓸 수 있는 것처럼 일본도 あか(아까)로 형용사를 만들 수 있어. い(이)만 붙여서 あかい(아까이)라고 하면 '빨갛다'가 돼. 그리고 존댓말로 '빨갛습니다'라고 말하고 싶을 때는 뒤에 ~です(데스)만 붙여서 あかいです(아까이데스)라고 하면 돼. 간단하지?
_{아 오} **あお**	'파랑'이야. 마찬가지로 '파랗다'라고 하고 싶으면 あおい(아오이)라고 하면 돼. 그리고 한국에서는 '푸르다'라는 의미로도 써. 예를 들어, 신호등 색을 말할 때 '초록불'이라고도 하지만 '파란불'이라고도 하잖아. 일본에서도 비슷하게 あおい(아오이)를 '푸르다'처럼 사용할 수 있어. 신기한 공통점이지?
_{키 ー 로} **きいろ**	'노랑'이야. 그럼 '노랗다'는 어떻게 말할까? きいろい(키ー로이)가 돼. 어렵지 않지?
_{무 라 사 키} **むらさき**	'보라색'이야. 자줏빛이 나는 계열을 むらさき(무라사키)라고 해. 특이한 것은 초밥을 찍어 먹는 간장을 むらさき(무라사키)라고도 해. 왜 그런지 정확하게 아는 사람은 없어. 유래에 대한 여러 가지 설이 있는데, 간장 원료 중 하나인 대두에 탄바산 검은콩을 사용하면 간장이 보랏빛을 띠게 돼서 '무라사키'라고 불리게 되었다고 해. 또 하나는 서민들도 초밥을 먹을 수 있게 된 때가 에도 시대인데, 그때도 간장은 매우 고급품이었기 때문에 고귀한 의미를 가진 자주색을 그 이름에 붙였다는 설이 있지.
_{미 도 리} **みどり**	'초록(색)'이야. 한국어에도 '초롷다'는 말이 없는 것처럼 일본어에도 みどりい(미도리ー)라는 형용사는 없어. みどり(미도리)는 명사로만 쓸 수 있다는 것을 명심해둬! 그럼 '연두색'은 어떻게 말할까? 연두색은 초록색에 노란색을 약간 섞은 색이잖아? 그래서 노란색의 き(키)와 합쳐서 きみどり(키미도리)라고 해.

함께 풀어보자

08-3.mp3

문제를 풀면서 확인해볼까?
어렵지 않으니 겁먹지 말라고!

1 뜻이 같은 단어끼리 연결해보자.

흰색 • • ① しろ
검은색 • • ② きいろ
노란색 • • ③ くろ
보라색 • • ④ ゆかた
유카타 • • ⑤ むらさき

2 빈칸에 들어갈 알맞은 단어는?

1 빨간색이 아니었습니다. あか_____ ありませんでした。

① が　　② じゃ　　③ で　　④ ざ

2 그 유카타는 제 것이 아니었습니다.
その ゆかたは わたしのでは _____。

① ないでした　　② なかったです
③ なかったでした　　④ ないです

3 그 기모노는 검은색이 아니었습니다.
その きものは _____ では ありませんでした。

① しろ　　② きいろ　　③ くろ　　④ あお

함께 써보자

오늘 배운 내용을 토대로 문장을 써볼까?
쓰면서 입으로 말해보는 것도 잊지 마~!

08-4.mp3

① それは しろでは ありませんでした。 그것은 흰색이 아니었습니다.

② それは わたしの ゆかたじゃ なかったです。
그것은 제 유카타가 아니었습니다.

③ きものは きいろじゃ ありませんでした。
기모노는 노란색이 아니었습니다.

④ あかでは なかったです。 빨간색이 아니었습니다.

모두 함께 수다 타임

'유카타'의 명칭은 '유카타비라'에서 왔는데, '유카타비라'는 목욕한 후에 몸을 닦는 수건을 말해. 원래 일왕이나 귀족들이 목욕한 후에 몸을 닦기 위해 입는 옷이었는데, 무로마치 시대 말기부터 에도 시대 초기까지 민간에서도 이를 이용하기 시작했고 외출복으로도 입게 된 것이 유래야.

남자, 여자 모두 다 입을 수 있고, 일본 영화나 드라마, 애니메이션을 보면 특히 여름 축제 때 주인공들이 유카타를 입고 나오는 모습을 쉽게 볼 수 있어. 실제로 일본 여행을 하다 보면 종종 입고 다니는 일본인들을 만나게 되지. 그만큼 간편하고 대중적인 의상이라고 생각하면 돼.

유카타는 보통 프리 사이즈로 나오는 경우가 많아서, 각자 키에 맞게 허리띠로 조절해서 입으면 돼! 그리고 유카타나 기모노를 입으면 '게타'라는 일본의 전통 나막신을 신는 것이 일반적이야.

그럼 기모노는 언제 입을까? 유카타보다 훨씬 격식을 갖춘 옷이기 때문에 최근에는 의례나 결혼식, 공식행사 같은 특별한 행사 때 많이 입어. 할머니, 할아버지분들은 평소에도 입고 다니시는 분들이 여전히 계시긴 해. 색상은 정말 다양한데, 일본인들은 보라색을 '고귀한 색'으로 생각한다고 해. 그래서 보라색 유카타도 남녀불문하고 굉장히 많이 입어. 일본 여행을 가게 된다면 한 번쯤 체험해 보는 것도 좋겠지?

HELLO KITTY

DAY 09

저는 고등학생이고, 남동생은 중학생입니다.

わたしは こうこうせいで、おとうとは ちゅうがくせいです。

 '나는 ○○이고, 너는 △△이고' 하면서 계속 뭔가를 나열하며 설명할 때 있지? 오늘은 이렇게 문장을 연결하는 표현에 대해 알려줄게!

오늘 배울 표현을 확인해봐!

와따시와 코 - 코 - 세 - 데
わたしは こうこうせいで、
오토 - 토와 츄 - 각세 - 데스
おとうとは ちゅうがくせいです。

저는 고등학생이고,
남동생은 중학생입니다.

코레와 스푸 - 운데   코레와 하시데스
これは スプーンで、これは はしです。

이것은 숟가락이고,
이것은 젓가락입니다.

코 - 코 - 세 -   오 토 - 토   츄 - 각세 -   스 푸 - 운   하 시
こうこうせい 고등학생 | おとうと 남동생 | ちゅうがくせい 중학생 | スプーン 숟가락 | はし 젓가락

함께 알아보자

🎧 09-1.mp3

오늘 배울 표현을 하나하나
알기 쉽게 설명해볼게.

와 따시와 코 - 코 - 세 - 데
わたしは こうこうせいで、
오토-토와 츄 - 각세-데스
おとうとは ちゅうがくせいです。

저는 고등학생이고, 남동생은 중학생입니다.

● こうこうせい _{코-코-세-}　　　　　　　　　　　고등학생

'고등학생'이라는 뜻이야. 발음에 주의해야 해. '코-코-세-' 하고 장음으로 모두 길게 발음해줘. '코우코우세이'라고 히라가나 그대로 발음하지 않는 것이 핵심이야!

● ～で _데　　　　　　　　　　　　　　　　～(이)고

〈DAY 05〉에서 ～で(데)에 대해서 배웠지? 수단을 나타내는 '～(으)로'라고 배웠어. 하지만 이 뜻만 있는 것은 아니야. ～で(데)는 정말 폭넓은 상황에서 다양한 뜻으로 사용되는데, 맥락에 따라 달라져. 오늘 배울 ～で(데)는 명사를 나열할 때 '～(이)고'로 해석돼. 맥락에 따라 자연스럽게 ～で(데)를 해석할 줄 알아야 해!

오 토 - 토
● **おとうと**　　　　　　　　　　　　　　　　　　　　　남동생

'남동생'이라는 뜻이야. う(우) 앞에 '오' 발음이 나는 と(토)가 왔기 때문에 と(토)를 길게 발음해줘야 해. '오토-토' 이렇게! 그렇다면 '여동생'은 뭐라고 할까? いもうと(이모-토)라고 해.

츄 - 각 세 -
● **ちゅうがくせい**　　　　　　　　　　　　　　　　　중학생

'중학생'이라는 뜻이야. '중학생'도 발음에 신경 써서 '츄-각세-'라고 발음해줘! 참고로 '대학생'은 だいがくせい(다이각세-), '초등학생'은 しょうがくせい(쇼-각세-)라고 해. がくせい(각세-)는 '학생'이라는 뜻이고, 앞에 だい(大), ちゅう(中), しょう(小)만 붙이는 게 달라. 쉬운 한자니까 함께 알아두면 좋겠지?

_{코 레 와 스 푸 - 운 데   코 레 와 하 시 데 스}
これは スプーンで、これは はしです。

이것은 숟가락이고, 이것은 젓가락입니다.

● _{스 푸 - 운}
スプーン　　　　　　　　　　　　　　　　　　　　　스푼, 숟가락

'숟가락'이라는 뜻이야. 가타카나로 쓴 것을 보니까 외래어네. 영어 spoon을 그대로 쓴 거야. '푸'를 길게 발음해줘. '스푸-운' 이렇게!

● _{하 시}
はし　　　　　　　　　　　　　　　　　　　　　　　젓가락

'젓가락'이라는 뜻이야. 일본은 밥을 먹을 때 기본적으로 젓가락을 사용하기 때문에 젓가락과 관련된 식사 예절이 많아. 그건 <모두 함께 수다 타임>에서 자세하게 이야기해줄게! 참고로 '다리를 건너다' 할 때의 '다리'도 はし(하시)라고 해. 그런데 '젓가락'의 はし(하시)와 '다리'의 はし(하시)는 악센트가 달라. '젓가락'은 앞의 は(하)에, '다리'는 뒤의 し(시)에 악센트가 있어. 일본어는 악센트에 따라 단어의 뜻이 달라지기도 하니까 mp3 파일을 들을 때는 악센트에도 주의해서 들어봐!

함께 읽어보자

🎧 09-2.mp3

앞서 배운 것들을 조금 더 확장해서 알아볼까?

'남동생', '여동생'에 대해 배웠으니까 가족 호칭에 대해서 한번 알아볼까? <DAY 05>에서 내 가족을 부르는 호칭과 내 가족을 상대방에게 말할 때 쓰는 호칭이 다르다고 했던 것 기억나? 기억이 안 나도 괜찮아! 다시 한 번 알려줄게!

 '가족'을 말하는 표현

	❶ 내 가족을 남에게 말할 때	❷ 내가 내 가족을 부를 때 혹은 남의 가족을 말할 때
할아버지	そふ 소 후	おじいさん 오 지 - 상
할머니	そぼ 소 보	おばあさん 오 바 - 상
아버지	ちち 치 치	おとうさん 오 또 - 상
어머니	はは 하 하	おかあさん 오 까 - 상
오빠, 형	あに 아 니	おにいさん 오 니 - 상
언니, 누나	あね 아 네	おねえさん 오 네 - 상
남동생	おとうと 오 토 - 토	おとうと/おとうとさん 오 토 - 토 오 토 - 토 상
여동생	いもうと 이 모 - 토	いもうと/いもうとさん 이 모 - 토 이 모 - 토 상

일본은 '내 가족을 남에게 말할 때(❶번)'와 '남의 가족을 말할 때(❷번)' 호칭이 다르다는 점을 기억해둬! 너무 헷갈린다면 '남의 가족을 말할 때(❷번)' 호칭을 쓰면 좋아! 최근에는 내 가족을 남에게 말할 때에도 종종 ❷번을 쓰기도 하거든! 그래도 각각 알아두면 좋겠지? 그리고 상대방의 남동생과 여동생을 말할 때에는 さん(상)을 붙이지만 내 남동생과 여동생에게는 붙이지 않아도 돼!

함께 풀어보자

09-3.mp3

문제를 풀면서 확인해볼까?
어렵지 않으니 겁먹지 말라고!

1 뜻이 같은 단어끼리 연결해보자.

고등학생 •   • ① はし
중학생   •   • ② いもうと
남동생   •   • ③ おとうと
여동생   •   • ④ ちゅうがくせい
젓가락   •   • ⑤ こうこうせい

2 빈칸에 들어갈 알맞은 단어는?

1 저는 학생이고, 엄마는 선생님입니다.

わたしは がくせい＿＿＿＿、ははは せんせいです。

① に　　② を　　③ が　　④ で

2 이것은 숟가락이고, 저것은 젓가락입니다.

これは スプーンで、＿＿＿＿ はしです。

① これは　② これに　③ あれは　④ それで

3 이쪽은 제 어머니이고, 이쪽은 제 할머니입니다.

こちらは わたしの ははで、こちらは わたしの ＿＿＿＿です。

① そふ　② そぼ　③ おじいさん　④ おねえさん

125

함께 써보자

🎧 09-4.mp3

오늘 배운 내용을 토대로 문장을 써볼까?
쓰면서 입으로 말해보는 것도 잊지 마~!

① わたしは こうこうせいで、おとうとは ちゅうがくせいです。
저는 고등학생이고, 남동생은 중학생입니다.

② これは スプーンで、これは はしです。
이것은 숟가락이고, 이것은 젓가락입니다.

③ こちらは わたしの ちちで、こちらは わたしの おとうとです。
이쪽은 제 아버지이고, 이쪽은 제 남동생입니다.

모두 함께 수다 타임

일본에서는 식사할 때 숟가락, 젓가락을 둘 다 사용하는 것이 아니라 기본적으로 젓가락만을 사용해. 국물 요리에서는 숟가락을 볼 수 있지만 한국 숟가락과 모양이 달라. 국물을 떠먹기 위해 깊숙하게 디자인되어 있는 것이 특징이지. 그러니까 밥을 떠먹는 용도는 아닌 거야. 그래서인지 젓가락과 관련된 식사 예절이 많아.

첫째, 젓가락으로 음식을 주고받는 것은 절대 하면 안 돼. 화장한 고인의 유골을 옮길 때 긴 젓가락으로 옮기거든. 그 모습과 비슷하다고 해서 절대 하지 않아.

둘째, 젓가락을 밥에 꽂으면 안 돼. 이것은 한국에서도 제사상에서 하는 거라고 하지 말라고 하잖아? 일본도 마찬가지야. 젓가락 놓을 곳이 없다면 접시 위에 살포시 얹어두면 돼.

셋째, 우리는 보통 젓가락을 나를 기준으로 세로로 놓잖아? 일본은 가로로 놓는 것이 예의야. 뾰족한 부분이 상대방을 향하지 않게 두는 거지.

사실, 이것보다 더 많이 있어. 보통 젓가락과 관련된 예절이 40개 정도나 된다고 하는데 가장 대표적인 것 세 가지만 소개했어! 알아두면 일본 음식점에 가서도 예의를 지켜서 식사할 수 있겠지?

DAY 10

여기에 가방이 있습니다.

ここに かばんが あります。

오늘은 '있습니다' 하고 무언가의 존재를 말할 때 쓰는 표현을 알아볼 거야. '어디에' 존재하는지 말하려면 위치 표현도 같이 알아야겠지?

오늘 배울 표현을 확인해봐!

| 코꼬니 카 방 가 아리마스
ここに かばんが あります。 | 여기에 가방이 있습니다. |

| 테-부르노 시타니 네코가 이마스
テーブルの したに ねこが います。 | 테이블 아래에
고양이가 있습니다. |

니 에 카 방 아리마스 테-부르 시타 네코
~に ~에 ｜ **かばん** 가방 ｜ **あります** (무생물) 있습니다 ｜ **テーブル** 테이블 ｜ **した** 아래, 밑 ｜ **ねこ** 고양이 ｜
이마스 캉코쿠 니홍 홍 이에
います (생물) 있습니다 ｜ **かんこく** 한국 ｜ **にほん** 일본 ｜ **ほん** 책 ｜ **いえ** 집

함께 알아보자

🎧 10-1.mp3

오늘 배울 표현을 하나하나 알기 쉽게 설명해볼게.

코 꼬 니 카 방 가 아 리 마 스
ここに かばんが あります。

여기에 가방이 있습니다.

● **〜に** (니)   ~에

'~에'라는 뜻으로 공간적 위치를 나타낼 때 쓰는 표현이야. 어떠한 사물이나 사람이 어떠한 장소 '에' 존재한다는 의미를 가지고 있어. に(니) 앞에 ここ(코꼬)를 붙이면 ここに(코꼬니) '여기에'라는 뜻이 되지.

● かんこくに 한국에   ● にほんに 일본에
   (캉코쿠니)   (니혼니)

● **かばん** (카방)   가방

'가방'이라는 뜻이야. 발음이 정말 비슷하지? 그래도 '가방'이 아니라 '카방'이라고 발음해야 하니까 유의해줘!

● **あります** _{아 리 마 스}　　　　　　　　　　　　　　　　　[무생물] 있습니다

'있습니다'라는 뜻이야. 무언가 존재할 때 쓸 수 있는데, 한 가지 조건이 있어. '생명이 없는' 사물한테만 쓸 수 있어. '사람이 있다'고 할 때에는 쓸 수가 없어. 조심해야겠지? 아, 그리고 식물은 생명이 있긴 하지만 あります(아리마스)를 써! 참고로 알아둬! 만약 '있습니까?'라고 물어보고 싶다면 뒤에 ～か(까)만 붙이면 돼. ありますか(아리마스까)라고 하면 '있습니까?'가 되는 거야.

● **ほんが あります**。 책이 있습니다.
　_{홍　가　아 리 마 스}

_{테 ― 부 르 노　시 타 니　네 코 가　이 마 스}
テーブルの したに ねこが います。
테이블 아래에 고양이가 있습니다.

● **テーブル** _{테 ― 부 르}　　　　　　　　　　　　　　　　　테이블

'테이블'이라는 뜻이야. 영어 table을 가타카나로 쓴 건데, '테이블'이라고 하지 말고 '테-부르'라고 해줘. '테'가 장음이기 때문에 길게 빼주는 것 잊지 마!

● した ^{시 타}　　　　　　　　　　　　　　　　　　　　　아래

'아래'라는 뜻이야. 위치 표현에 대해서는 〈함께 읽어보자〉에서 예문과 함께 자세하게 설명할게!
위 문장과 같이 '테이블 아래'라고 하고 싶으면 テーブルの した(테-브루노 시타)라고 하면 돼. 단어 사이에 の(노)를 꼭 써야 한다는 것 잊지 마!

● ねこ ^{네 코}　　　　　　　　　　　　　　　　　　　　　고양이

'고양이'라는 뜻이야. 일본인들은 고양이를 좋아하기로 유명하지? 그래서 고양이와 관련된 관용구도 많아. '고양이'라는 단어부터 알아놓으면 좋겠지? 고양이와 함께 반려동물로 많이 키우는 '개'는 いぬ(이누)라고 해. いぬ(이누)와 ねこ(네코) 함께 알아두면 좋을 것 같아.

● います ^{이 마 스}　　　　　　　　　　　　　　　　　　[생물] 있습니다

'있습니다'라는 뜻이야. 무언가 존재할 때 쓸 수 있는데, あります(아리마스)와는 다르게 '생명이 있는' 사람이나 동물한테만 쓸 수 있어. 사람이 있을 때, 동물이 있을 때 '있습니다'라는 표현을 います(이마스)라고 하는 거야. 혹시 물어보고 싶다면 뒤에 〜か(까)만 붙이면 돼. いますか(이마스까)라고 하면 '있습니까?'가 되는 거지.

● がくせいが ^{각 세 - 가} います ^{이 마 스}。 학생이 있습니다.

함께 읽어보자

🎧 10-2.mp3

앞서 배운 것들을 조금 더 확장해서 알아볼까?

이번 시간에는 위치 표현에 대해 알아보자! 어떠한 사물이 어디에 위치하고 있는지 말하려면 위치와 관련된 단어들을 알아야겠지? 예문과 함께 읽으면 좋을 것 같아서 예문도 가져왔어. 그리고 '가방 안, 당신 오른쪽'처럼 '사물(사람)+위치 표현'을 말할 때에는 사물과 위치 표현 사이에 꼭 の(노)를 써야 한다는 것 잊지 마!

 '위치'를 말하는 표현 ①

우 에	시 타	미 기	히 다리
うえ 위	した 아래	みぎ 오른쪽	ひだり 왼쪽

예문 1 　아 나 타 노　미 기 니　다 레 가　이 마스 까
あなたの みぎに だれが いますか。 당신 오른쪽에 누가 있습니까?

예문 2 　와 따 시 노　히 다리 니　이 누 가　이 마스
わたしの ひだりに いぬが います。 제 왼쪽에 개가 있습니다.

나 카	소 토
なか 안	そと 밖

예문 1 　카 반 노　나 카 니　홍 가　아 리 마스 까
かばんの なかに ほんが ありますか。 가방 안에 책이 있습니까?

예문 2 　소 토 니　카 훼 가　아 리 마스 까
そとに カフェが ありますか。 밖에 카페가 있습니까?

함께 풀어보자

🎧 10-3.mp3

문제를 풀면서 확인해볼까?
어렵지 않으니 겁먹지 말라고!

1 뜻이 같은 단어끼리 연결해보자.

위　　　•　　　　　•　① した
아래　•　　　　　•　② かばん
테이블　•　　　　•　③ うえ
고양이　•　　　　•　④ テーブル
가방　　•　　　　•　⑤ ねこ

2 빈칸에 들어갈 알맞은 단어는?

1　저기에 가방이 있습니다.　あそこ_____ かばんが あります。

　① の　　② に　　③ が　　④ で

2　테이블 아래에 개가 있습니다.
　テーブル_____ したに いぬが います。

　① が　　② を　　③ の　　④ は

3　책이 가방 안에 있습니다.
　ほん_____ かばんの なかに あります。

　① に　　② で　　③ を　　④ が

함께 써보자

🎧 10-4.mp3

오늘 배운 내용을 토대로 문장을 써볼까?
쓰면서 입으로 말해보는 것도 잊지 마~!

❶ ここに かばんが あります。 여기에 가방이 있습니다.

❷ テーブルの したに ねこが います。 테이블 아래에 고양이가 있습니다.

❸ わたしの ひだりに いぬが います。 제 왼쪽에 개가 있습니다.

❹ ほんが かばんの なかに あります。 책이 가방 안에 있습니다.

모두 함께 수다 타임

오늘은 일본 대중교통에 대해 얘기해줄게. 대중교통은 여러 가지가 있지. 버스, 택시, 지하철, 기차 등등 많잖아? 근데 일본 여행을 하다 보면 한 가지 특이한 점을 발견할 수 있어!

한국에서는 '전철'이 보통 지하로 많이 다녀서 '지하철'이라고 하잖아. 그런데 일본은 지하로 다니는 기차는 상대적으로 많지 않아. 왜 그럴까? 일본은 지진이 많이 일어나는 나라잖아. 지반이 약한 곳이 많기 때문에 지하로 기차가 다니는 길을 만드는 것은 굉장히 위험한 거야. 그래서 지상으로 다니는 기차가 많은 거지.

'지하철'을 그대로 번역하면 ちかてつ(치카테쯔)인데 일본은 지하로 다니지 않으니까 이 표현보다는 '전철'을 뜻하는 でんしゃ(덴샤)라는 단어를 훨씬 많이 써. 문화적 차이에 따른 어휘인 거지.

또, 한 가지 차이점을 더 꼽자면 아마 요금이지 않을까 싶어. 한국의 지하철은 어느 정도 구간에서는 요금이 같잖아? 하지만 일본은 본인이 가는 정거장 수만큼 요금을 내. 비슷한 듯 다른 한국과 일본의 차이를 하나하나 알아가는 재미가 있지 않아?

HELLO KITTY

DAY 11

선생님은 교실에 없습니다.

せんせいは きょうしつに いません。

'있습니다'에 대해 배웠으니까 오늘은 '없습니다'라는 표현에 대해 알아볼까? 위치 표현에 대해서도 조금 더 알려줄게!

오늘 배울 표현을 확인해봐!

센세-와 쿄-시쯔니 이마셍
せんせいは きょうしつに いません。 선생님은 교실에 없습니다.

메뉴-니 스시가 아리마셍
メニューに すしが ありません。 메뉴에 초밥이 없습니다.

쿄-시쯔 이마셍 메뉴- 스시 아리마셍
きょうしつ 교실 | **いません** (생물) 없습니다 | **メニュー** 메뉴 | **すし** 초밥 | **ありません** (무생물) 없습니다 |
콤비니
コンビニ 편의점

함께 알아보자

🎧 11-1.mp3

오늘 배울 표현을 하나하나 알기 쉽게 설명해볼게.

_{센 세 − 와 쿄 − 시쯔니 이 마 셍}
せんせいは きょうしつに いません。

선생님은 교실에 없습니다.

● _{쿄 − 시 쯔}
きょうしつ　　　　　　　　　　　　　　　교실

'교실'이라는 뜻이야. 발음에 조심해야 해! きょう(쿄−)가 장음이거든. よ(요)를 작게 쓴 발음 뒤에 う(우)가 오면 앞의 소리를 길게 내줘야 해. 그래서 '쿄−시쯔'가 돼. '쿄시쯔' 하고 짧게 소리를 내면 굉장히 어색하게 들리거든. 처음부터 장음 연습을 많이 해두면 나중에 일본인들과 대화할 때에 듣기가 쉬워져!

● _{이 마 셍}
いません　　　　　　　　　　　　　　　[생물] 없습니다

'없습니다'라는 뜻이야. 〈DAY 10〉에서 '있습니다'를 뜻하는 います(이마스)를 배웠지? 사람이나 동물이 '있을' 때에 쓸 수 있다고 했어. 반대말인 '없습니다'도 마찬가지야. 사람이나 동물 등 생명이 있는 것이 '없을' 때 いません(이마셍)을 사용하면 돼. 그리고 식물은 생명이 없는 쪽으로 본다고 했지? 헷갈리니까 조심해! 또 '없습니까?' 하고 물어보고 싶을 때에는 뒤에 〜か(까)를 붙여서 いませんか(이마셍까)라고 하면 돼.

● _{각   세 − 와} _{이 마 셍}
がくせいは いません。 학생은 없습니다.

メニューに すしが ありません。
메뉴에 초밥이 없습니다.

● **メニュー** 〈메뉴-〉 메뉴

'메뉴'라는 뜻이야. menu라는 영어 단어를 그대로 가져다가 가타카나로 쓴 거지. 조심해야 할 것은 メニュ(메뉴) 뒤에 'ー' 있지? 길게 늘려서 읽으라는 장음 표시야. 그래서 짧게 '메뉴'라고 하는 것보다 '메뉴우' 하고 길게 읽어주는 것이 바람직해.

● **すし** 〈스시〉 초밥

일본의 전통 음식 중 하나인 '초밥'이야. '스시'라는 표현도 한국에서 많이 알려져 있잖아? 일본에서는 すし(스시)라고도 하지만 おすし(오스시)라는 표현도 써. 같은 뜻인데 お(오)를 붙이면 상대방에 대한 존중을 나타내서 좀 더 부드럽게 느껴져. 알아두면 좋겠지?

● ありません ^{아리마셍}　　　　〔무생물〕 없습니다

'없습니다'라는 뜻이야. 〈DAY 10〉에서 '있습니다'를 뜻하는 あります(아리마스)를 배웠지? 생명이 없는 사물이나 식물에 사용한다고 했어. 반대말인 '없습니다'도 마찬가지야. '사물이 없을' 때에는 ありません(아리마셍)을 사용하면 돼. 그리고 '없습니까?' 하고 물어보고 싶을 때에는 뒤에 ～か(까)를 붙여서 ありませんか(아리마셍까)라고 하면 돼.

● ほんは ありませんか。 책은 없습니까?
　홍　와　아리마셍까

 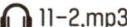

함께 읽어보자

앞서 배운 것들을 조금 더 확장해서 알아볼까?

위치 표현에 대해 조금 더 알아보자! 사실 위치라는 것은 관점에 따라 다양하게 말할 수 있잖아? 여러 표현들을 알아두면 길을 물을 때나 어떤 상황에서든 유용하게 쓸 수 있겠지?

 '위치'를 말하는 표현 ②

　　　　마에　　　　　　　　우시로
　　　　まえ 앞　　　　**うしろ** 뒤

예문 1　이에노 마에니 콤 비니가 아리마 셍
　　　　いえの まえに コンビニが ありません。

　　　　집 앞에 편의점이 없습니다.

예문 2　오까ー 상 노 우시로니 오또ー 상 가 이마 셍
　　　　おかあさんの うしろに おとうさんが いません。

　　　　어머니 뒤에 아버지가 없습니다.

　　　　요코　　　　　　　　무코ー
　　　　よこ 옆　　　　**むこう** 맞은편

예문 1　오또ー 산 노 요코니 오까ー 상 가 이마스
　　　　おとうさんの よこに おかあさんが います。

　　　　아버지 옆에 어머니가 있습니다.

예문 2　이에노 무코ー니 콤 비니가 아리마스
　　　　いえの むこうに コンビニが あります。

　　　　집 맞은편에 편의점이 있습니다.

함께 풀어보자

🎧 11-3.mp3

문제를 풀면서 확인해볼까?
어렵지 않으니 겁먹지 말라고!

1 뜻이 같은 단어끼리 연결해보자.

앞　　•　　　　　　　•　① きょうしつ
뒤　　•　　　　　　　•　② まえ
메뉴　•　　　　　　　•　③ メニュー
교실　•　　　　　　　•　④ うしろ

2 빈칸에 들어갈 알맞은 단어는?

1 선생님은 교실에 없습니다.　せんせいは きょうしつに _____ 。

① あります　② います　③ ありません　④ いません

2 메뉴에 초밥이 없습니다.
メニューに すし_____ ありません。

① に　② を　③ が　④ で

3 집 앞에 편의점이 없습니다.
いえの _____ に コンビニが ありません。

① まえ　② うしろ　③ よこ　④ むこう

함께 써보자

🎧 11-4.mp3

오늘 배운 내용을 토대로 문장을 써볼까?
쓰면서 입으로 말해보는 것도 잊지 마~!

① せんせいは きょうしつに いません。 선생님은 교실에 없습니다.

② メニューに すしが ありません。 메뉴에 초밥이 없습니다.

③ いえの まえに コンビニが ありません。 집 앞에 편의점이 없습니다.

④ いえに おかあさんが いません。 집에 어머니가 없습니다.

모두 함께 수다 타임

일본의 대표적인 전통 음식 중 하나가 스시지? 스시는 어떻게 탄생하게 되었을까? 옛날에 생선을 보관할 때 밥과 함께 보관했다고 해. 그런데 숙성된 생선에서 신맛이 나게 된 거지. 처음에는 밥을 버리고 먹었지만 에도 시대에 와서는 밥과 같이 먹게 되었다고 해. 그게 すし(스시)의 유래야. 일본어로 す(스)는 '식초'를 뜻해. 왜 '스시'인지도 알겠지? 생선에서 신맛이 나니까!

이렇게 각 나라의 전통 음식은 그 나라의 문화와도 연관되어 있다는 사실이 굉장히 흥미로운 것 같아. 또 일본의 전통 음식에는 어떤 것들이 있을까? '오코노미야끼'라고 들어봤어? 아주 유명한 철판 요리 중 하나인데, このみ(코노미)라는 것은 '기호, 취향'을 뜻해. やき(야끼)는 '구이'라는 뜻이지. 즉, '좋아하는 것을 구운 것'이란 뜻이야. 옛날 식량이 부족하던 시절에 밀가루 반죽을 철판에 붓고, 있는 재료로 토핑하여 먹게 된 것이 그 시초라고 볼 수 있어. 오늘날에는 좋아하는 것을 잔뜩 넣어서 마치 한국의 빈대떡처럼 먹지. 그래서 사실 정해진 레시피는 없어. 지역마다 조금씩 차이가 있을 수는 있지만 내가 원하는 대로 토핑 재료를 선택할 수 있다는 것이 장점이지.

다른 나라의 음식을 그냥 먹으면서 경험하는 것도 좋지만, 그 유래와 문화까지 알고 먹으면 더 맛있게 즐길 수 있겠지? 또 어떤 음식에 어떤 유래와 문화가 담겨 있을까?

중간 확인 문제

<DAY 01>부터 <DAY 11>까지 정말 열심히 달려왔어. 이제 이 책의 반을 공부한 거야. 너무 멋지지 않아? 정말 대단해! 수고했어! 그동안 배운 것들을 잘 기억하고 있는지 한번 체크해보는 시간을 가져보자. 앞에서 배운 내용들을 쭉 훑고 와도 괜찮아!

1 빈칸에 들어갈 글자로 알맞은 것은?

> わたし_____ ハローキティです。 저는 헬로키티입니다.

① で　　　② に　　　③ は　　　④ が

2 빈칸에 들어갈 말로 알맞은 것은?

> Ⓐ あなたは だれですか。
> Ⓑ _____は レイです。

① あなた　　② わたし　　③ きみ　　④ ともだち

3 빈칸에 공통으로 들어갈 글자를 고르시오.

・こ_____は カフェです。
・トイレは あそ_____です。

① こ　　　② そ　　　③ あ　　　④ ど

4 보기와 같은 의미가 될 수 있는 것으로 알맞은 것은?

これは あなたの ほんですか。
→ これは あなた_____ですか。

① で　　　② ほん　　　③ に　　　④ の

5 다음 대화의 상황으로 알맞은 것은?

Ⓐ こちらは せんせいです。
Ⓑ よろしく おねがいします。

① 음식을 먹을 때　　　② 사람을 소개할 때
③ 가격을 물을 때　　　④ 제안을 거절할 때

6 다음 문장을 일본어로 바르게 쓴 것은?

> 저는 운동선수였습니다.
> わたしは うんどうせんしゅ_____。

① です　　　② でした　　　③ あります　　　④ います

7 다음 밑줄 친 부분과 의미가 다른 말을 고르시오.

> あの ひとは おとこ<u>では ありません</u>。

① じゃ ないです　　　　② では ないです

③ じゃ ありません　　　④ では あります

8 다음 문장을 일본어로 올바르게 쓴 것은?

> 그것은 제 유카타가 아니었습니다.

① これは わたしの ゆかたで ないです。

② それは あなたの ゆかたでは ないです。

③ それは わたしの ゆかたでは ありません。

④ それは わたしの ゆかたじゃ ありませんでした。

9 그림을 보고 빈칸에 들어갈 알맞은 말을 고르시오.

テーブルの ＿＿＿＿ に カップが あります。

① うえ　　　② した　　　③ まえ　　　④ うしろ

10 빈칸에 공통으로 들어갈 글자를 고르시오.

・わたしは こうこうせい＿＿＿、おとうとは
　ちゅうがくせいです。
・クレジットカード＿＿＿ おねがいします。

① を　　　② に　　　③ で　　　④ の

HELLO KITTY

DAY 12

저는 열다섯 살입니다.

わたしは じゅうごさいです。

오늘은 숫자에 대해 처음 배워볼 거야. 일, 이, 삼, 사… 어떻게 말할까?
또 숫자로 할 수 있는 여러 가지 표현들에 대해서도 알려줄게!

오늘 배울 표현을 확인해봐!

와따시와 쥬 – 고사이데스
わたしは じゅうごさいです。   저는 열다섯 살입니다.

큐 – 쥬 – 큐 – 빠 – 센토데스
きゅうじゅうきゅうパーセントです。   99%입니다.

쥬 – 고   사이   큐 –   파 – 센토
じゅう 10 | ご 5 | ~さい ~세, ~살 | きゅう 9 | パーセント 퍼센트(%)

함께 알아보자

🎧 12-1.mp3

오늘 배울 표현을 하나하나 알기 쉽게 설명해볼게.

와 따시와   쥬 - 고 사 이 데 스
わたしは じゅうごさいです。

저는 열다섯 살입니다.

● <ruby>じゅうご<rt>쥬 - 고</rt></ruby>　　　　　　　　　　　　　　　열다섯, 15

じゅう(쥬-)는 숫자 '10'을 뜻하고, ご(고)는 숫자 '5'를 뜻해. 숫자를 읽는 방법은 한국이랑 거의 동일해. '10(じゅう)+5(ご)'를 그대로 읽으면 15(じゅうご, 쥬-고)가 되는 거지.

● ~<ruby>さい<rt>사 이</rt></ruby>　　　　　　　　　　　　　　　~세, ~살

나이를 세는 단위야. '세' 혹은 '살'이라고 해석하면 돼. 숫자 뒤에 ~さい(사이)를 붙이면 '~살, ~세'라는 나이 표현이 되는 거야. 그렇다면 나이를 묻고 싶을 때에는 어떻게 말할까? '무엇'을 묻는 なん(난)을 붙여서 なんさいですか(난사이데스까)라고 하면 돼. 다만, 예외로 '스무 살, 20세'를 말할 때에는 はたち(하타찌)라고 해. 기억해둬!

● なんさいですか。 몇 살입니까?
　난 사 이 데 스 까

きゅうじゅうきゅうパーセントです。
<small>큐 - 쥬 - 큐 - 빠 - 센 토 데 스</small>

99%입니다.

● **きゅうじゅうきゅう** <small>큐 - 쥬 - 큐 -</small>   99

きゅう(큐-)는 숫자 '9'를 뜻해. じゅう(쥬-)는 '10'이니까 그대로 앞에서부터 읽으면 '99'가 되지? 한국어랑 읽는 방법이 동일해. '큐-쥬-큐-'라고 발음해. 모두 장음이니까 발음에 유의해줘!

● **パーセント** <small>파 - 센 토</small>   퍼센트(%)

'퍼센트'라는 뜻이야. 백분율로 이야기하고 싶을 때 쓰는 표현이지. 앞에 숫자가 나오고 パーセント(파-센토)를 붙인다면 '파-센토'보다는 '빠-센토'에 가깝게 발음돼.

함께 읽어보자

🎧 12-2.mp3

앞서 배운 것들을 조금 더 확장해서 알아볼까?

1부터 10까지 일본어로 숫자 세는 법을 알려줄게. 차근차근 읽어보자.
4, 7, 9는 읽는 방법이 여러 가지인데, 모두 알아둬야 해. 내 마음대로 쓰고 싶은 것을 쓰는 게 아니라 뒤에 어떤 단위가 오느냐에 따라 쓰는 숫자가 다르거든. 그건 나올 때마다 외워두는 게 좋으니까 오늘은 따로 언급하지 않을게. 대신 다 외워두기 약속!

 '숫자'를 말하는 표현 ❶

1	2	3	4	5
이찌 いち	니 に	상 さん	시 요 용 し/よ/よん	고 ご
6	7	8	9	10
로꾸 ろく	시찌 나나 しち/なな	하찌 はち	큐- 쿠 きゅう/く	쥬- じゅう

자, 이제 우리는 99까지 말할 수 있어!
'87'은 어떻게 말할까? はちじゅうなな[하찌쥬-나나]라고 하면 돼. 8[はち], 10[じゅう], 7[なな]를 순서대로 읽어주는 거지. 여기서 '7'은 しち[시찌]를 써도 괜찮아.
보통 숫자만 말할 때에는 '4'는 よん[용], '9'는 きゅう[큐-]를 많이 써.
그럼 '49'는 어떻게 말할까? よんじゅうきゅう[욘쥬-큐-]라고 하면 되겠지?

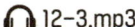

함께 풀어보자

문제를 풀면서 확인해볼까? 어렵지 않으니 겁먹지 말라고!

1 뜻이 같은 단어끼리 연결해보자.

72 •	• ① さい
18 •	• ② じゅうはち
34 •	• ③ パーセント
~세, ~살 •	• ④ ななじゅうに
퍼센트(%) •	• ⑤ さんじゅうよん

2 빈칸에 들어갈 알맞은 단어는?

1 저는 열일곱 살입니다. わたしは じゅう_____さいです。

① ご　　② ろく　　③ なな　　④ はち

2 80퍼센트입니다. はちじゅう_____です。

① パセント　　② パーセント
③ ペセント　　④ ペーセント

3 몇 살입니까? なん_____ですか。

① さい　　② かい　　③ せい　　④ ざい

152

함께 써보자

오늘 배운 내용을 토대로 문장을 써볼까?
쓰면서 입으로 말해보는 것도 잊지 마~!

🎧 12-4.mp3

① わたしは じゅうごさいです。 저는 열다섯 살입니다.

② きゅうじゅうきゅうパーセントです。 99퍼센트입니다.

③ なんさいですか。 몇 살입니까?

④ なんパーセントですか。 몇 퍼센트입니까?

모두 함께 수다 타임

나이를 물을 때 なんさいですか(난사이데스까)라고 물을 수 있다고 했지? 사실 이 표현은 공손한 표현은 아니야. 한국에서도 나이를 물을 때 '몇 살이에요?'라고 하면 나보다 어린 사람에게는 괜찮지만, 나보다 나이가 많은 분께는 실례되는 표현이잖아? 그럴 때는 어떻게 물어보면 좋을까? おいくつですか(오이쿠츠데스까)라고 해. 그러면 조금은 공손하게 물어볼 수 있어. 뒤에서도 배우겠지만 いくつ(이쿠츠)는 '몇 개'를 뜻하는 말이야. 거기에 お(오)를 붙여 おいくつ(오이쿠츠)라고 하면 '몇 살'이라는 뜻으로 상대방의 나이를 공손하게 묻는 표현이 돼. 그래도 누군가의 나이를 직접적으로 묻는 것은 실례가 될 수 있으니 조심해서 사용하는 게 좋겠지?

마지막으로 숫자와 관련된 일상 표현 하나 더 알려줄게. 우리는 사진 찍을 때 보통 '하나, 둘, 셋, 김-치!' 하잖아? 일본도 비슷해. 일본에서는 '이찌, 니, 산, 치-즈!'라고 하는 경우가 많아. 그대로 번역하면 '하나, 둘, 셋, 치-즈!'라고 하는 거지. 이제 사진 찍을 때 '이찌, 니, 산, 치-즈!'라고 해볼까?

HELLO KITTY

DAY 13

이 옷은 얼마입니까?

この ふくは いくらですか。

<DAY 12>에서 '숫자 세는 법'에 대해 배웠으니까 오늘은 좀 더 나아가서 얼마인지 물어보고, 가격을 말해보는 시간을 가져보자!

오늘 배울 표현을 확인해봐!

코노 후쿠 와 이쿠라데스 까
この ふくは いくらですか。   이 옷은 얼마입니까?

소노 즈봉 와 니 센 나나 햐 쿠 엔 데스
その ズボンは にせんななひゃくえんです。   그 바지는 2,700엔입니다.

후쿠   이쿠라   즈봉   셍   하쿠   엔
ふく 옷 | **いくら** 얼마 | **ズボン** 바지 | **せん** 천(1,000) | **ひゃく** 백(100) | **えん** 엔(일본 화폐 단위) |
사츠
シャツ 셔츠

함께 알아보자

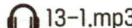 13-1.mp3

오늘 배울 표현을 하나하나 알기 쉽게 설명해볼게.

코 노 후 쿠 와 이 쿠 라 데 스 까
この ふくは いくらですか。

이 옷은 얼마입니까?

● ^{후 쿠} **ふく**　　　　　　　　　　　　　　　　　　　　　　　옷

'옷'이라는 뜻이야. 옷 종류에 상관없이 모든 옷을 ふく(후쿠)라고 해.

● ^{이 쿠 라} **いくら**　　　　　　　　　　　　　　　　　　　　　　얼마

'얼마'라는 뜻이야. 가격을 물어볼 때 주로 사용해. '이쿠라'라고 발음하지만, 이 표현은 억양을 조심해야 해! 맨 앞의 '이'에 악센트가 있고, '이'가 '쿠라'보다 음이 높다고 생각하면 조금 이해가 될까? い̄くら(이쿠라)라고 해 줘. 훨씬 자연스러워.

● ^{이 쿠 라 데 스 까} **いくらですか。** 얼마입니까?

<small>소 노 즈 봉 와 니 센 나나 햐 쿠 엔 데 스</small>
その ズボンは にせんななひゃくえんです。

그 바지는 2,700엔입니다.

● <small>즈 봉</small>
ズボン　　　　　　　　　　　　　　　바지

'바지'라는 뜻이야. 프랑스어 jupon에서 유래되었다고 해. '양복 바지'를 뜻하는 말이지만 요즘에는 모든 바지를 일컫는 말이야.

● <small>셍</small>
せん　　　　　　　　　　　　　　　천(1,000)

숫자 '1,000'이라는 뜻이야. 2천, 3천, 4천… 앞에 숫자만 붙여주면 돼. 〈함께 읽어보자〉에서 하나하나 같이 읽어보자.

● <small>햐 쿠</small>
ひゃく　　　　　　　　　　　　　　　백(100)

숫자 '100'이라는 뜻이야. 이것도 마찬가지로 2백, 3백, 4백… 앞에 숫자만 붙여주면 돼. 다만 발음을 신경 써야 하는데, 이것도 〈함께 읽어보자〉에서 같이 읽어보자.

- ^엔**えん**　　　　　　　　　　　　　　　　　　　　엔(일본 화폐 단위)

일본 화폐 단위 '엔'이야. 한자 円을 '엔'이라고 읽어. 이 정도 한자는 알아두면 좋겠지?

함께 읽어보자

🎧 13-2.mp3

앞서 배운 것들을 조금 더 확장해서 알아볼까?

이번에는 백 단위, 천 단위를 같이 읽어보자. 앞에 어떤 숫자가 오느냐에 따라 발음이 살짝 달라지니까 하나하나 읽으면서 차이를 느껴봐! 특히 3, 6, 8이 앞에 올 때에는 뒤의 백(햐쿠), 천(셍) 발음이 달라지니까 조심해!

 '숫자'를 말하는 표현 ❷

100	200	300	400	500
햐 쿠 ひゃく	니 햐 쿠 にひゃく	삼 뱌 쿠 さんびゃく	용 햐 쿠 よんひゃく	고 햐 쿠 ごひゃく
600	700	800	900	몇 백
롭 뺘 쿠 ろっぴゃく	나 나 햐 쿠 ななひゃく	핫 뺘 쿠 はっぴゃく	큐 - 햐 쿠 きゅうひゃく	남 뱌 쿠 なんびゃく

1,000	2,000	3,000	4,000	5,000
셍 せん	니 셍 にせん	산 젱 さんぜん	욘 셍 よんせん	고 셍 ごせん
6,000	7,000	8,000	9,000	몇 천
록 셍 ろくせん	나 나 셍 ななせん	핫 셍 はっせん	큐 - 셍 きゅうせん	난 젱 なんぜん

만 단위는 간단해. '만'은 まん(망)이라고 하고 앞에 어떤 숫자가 와도 변하지 않아. 다만, '10,000'일 때에는 그냥 まん(망)이라고 하지 않고 꼭 いちまん(이찌망)이라고 해야 해. 몇 개만 연습해볼까?

- 14,800 이찌망 욘셍 핫뺘쿠
いちまん よんせん はっぴゃく
- 73,600 나나망 산젱 롭뺘쿠
ななまん さんぜん ろっぴゃく

함께 풀어보자

🎧 13-3.mp3

문제를 풀면서 확인해볼까?
어렵지 않으니 겁먹지 말라고!

1 뜻이 같은 단어끼리 연결해보자.

옷 • • ① せんななひゃくえん

얼마 • • ② ごせんにひゃくはちじゅうえん

5,280엔 • • ③ ふく

1,700엔 • • ④ いくら

7,900엔 • • ⑤ ななせんきゅうひゃくえん

2 빈칸에 들어갈 알맞은 단어는?

1 이 셔츠는 얼마입니까? この シャツは _____ですか。

① いくつ　　② なん　　③ どの　　④ いくら

2 그 셔츠는 3,800엔입니다.
その シャツは _____えんです。

① さんせんはちひゃく　　② さんぜんはちひゃく
③ さんせんはっぴゃく　　④ さんぜんはっぴゃく

3 이것은 5,000엔인가요? これは _____えんですか。

① ごぜん　　② ごせん　　③ ごひゃく　　④ ごびゃく

함께 써보자

🎧 13-4.mp3

오늘 배운 내용을 토대로 문장을 써볼까?
쓰면서 입으로 말해보는 것도 잊지 마~!

❶ この ふくは いくらですか。　이 옷은 얼마입니까?

❷ その ズボンは にせんななひゃくえんです。　그 바지는 2,700엔입니다.

❸ シャツは いくらですか。　셔츠는 얼마입니까?

❹ あれは ごせんえんですか。　저것은 5,000엔입니까?

모두 함께 수다 타임

일본 화폐에 대해서 알아볼까?

한국은 요즘 많은 사람들이 카드를 사용하지만, 일본은 여전히 카드가 되지 않고, 현금만 받는 매장이 많아. 그래서 일본을 여행할 때에는 현금이 필수야.

일본 화폐 종류에는 어떤 것들이 있는지 알려줄게. 먼저 동전부터 볼까?

1엔, 5엔, 10엔, 50엔, 100엔, 500엔 총 여섯 종류의 동전이 있어. 동전이라고 해서 가치가 작은 것은 아니야. 환율에 따라 다르지만, 500엔은 한국 돈으로 약 5,000원의 가치가 있으니까 엄청 큰돈이지.

또, 지폐에는 어떤 것들이 있을까?

크게는 1,000엔, 5,000엔, 10,000엔이 있어. 과거에 2,000엔도 발행되긴 했지만 소량이었기 때문에 보기도 힘들고 잘 사용하지 않는 것 같아. 또 일본 지폐는 위조를 방지하기 위해서 20년마다 새로운 디자인의 지폐를 선보여. 그렇다고 구 지폐를 사용할 수 없는 것은 아니야. 역대 지폐들의 디자인과 지폐에 나오는 인물들을 쭉 살펴보는 것도 꽤 재미있어.

HELLO KITTY

DAY 14

지금은 몇 시 몇 분입니까?
いまは なんじ なんぷんですか。

 오늘은 시간에 대해서 배워볼 거야. 숫자를 활용해서 지금 시간을 어떻게 말하는지, 시간을 알고 싶을 때에는 어떻게 물어보는지 같이 알아보자고!

오늘 배울 표현을 확인해봐!

_{이 마 와   난 지   남 뿐 데스 까}
いまは なんじ なんぷんですか。   지금은 몇 시 몇 분입니까?

....

_{이 마 와 고 젠   하 찌 지   산   쥽   뿐 데스}
いまは ごぜん はちじ さんじゅっぷんです。   지금은 오전 8시 30분입니다.

_{이 마} _지 _{훙 뿡} _{고 젠} _{고 고} _항
いま 지금 | じ 시 | ふん/ぷん 분 | ごぜん 오전 | ごご 오후 | はん 반, 30분

함께 알아보자

🎧 14-1.mp3

오늘 배울 표현을 하나하나 알기 쉽게 설명해볼게.

이 마 와   난 지   남 뿐 데 스 까
いまは なんじ なんぷんですか。

지금은 몇 시 몇 분입니까?

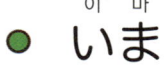

이 마
いま   지금

'지금'이라는 뜻이야. 앞의 い(이)에 악센트가 있어서 い(이)가 높고 ま(마)가 낮다고 생각하고 발음해줘. いま(이마)이런 느낌인 거지.

지
じ   시

'시'라는 뜻이야. 시간을 나타내는 단위지. 앞에 숫자를 붙여서 시간을 말하면 돼. 1시부터 12시까지 어떻게 말하는지는 〈함께 읽어보자〉에서 같이 공부해 보자.

● ふん / ぷん　　　　　　　　　　　　　　　　　　분
　 훙　　뿅

'분'이라는 뜻이야. 분 단위의 시간을 말할 때 사용하는 단위지. 앞에 어떤 숫자가 오느냐에 따라 ふん(훙), ぷん(뿅) 등 다양하게 발음돼. 이건 <함께 읽어보자>에서 자세하게 하나하나 알려줄게.

いまは ごぜん はちじ さんじゅっぷんです。
이마와　고젠　하찌지　산　줍　뿅데스

지금은 오전 8시 30분입니다.

● ごぜん　　　　　　　　　　　　　　　　　　　　오전
　 고　젠

'오전'이라는 뜻이야. 낮 12시 이전까지의 시간을 말하지. 그럼 '오후'는 뭐라고 할까? ごご(고고)라고 해!

● さんじゅっぷん　　　　　　　　　　　　　　30분, 반
　 산　줍　뿅

さん(상)은 '3'이고, '10'을 뜻하는 じゅう(쥬-)와 '분'을 뜻하는 ふん(훙)이 합쳐지면 じゅうふん(쥬-훙)인데 발음하기 편하도록 じゅっぷん(줍뿅)으로 바뀐 거야. じゅうふん(쥬-훙)이라고는 하지 않으니까 주의해야 해.

함께 읽어보자

🎧 14-2.mp3

앞서 배운 것들을 조금 더 확장해서 알아볼까?

시간을 일본어로 어떻게 표현하는지 읽어보자.

 '시간'을 말하는 표현

1시	2시	3시	4시	5시	6시
이 찌 지 いちじ	니 지 にじ	산 지 さんじ	요지 よじ	고 지 ごじ	로 쿠 지 ろくじ
7시	8시	9시	10시	11시	12시
시 찌 지 しちじ	하 찌 지 はちじ	쿠 지 くじ	쥬 - 지 じゅうじ	쥬 - 이 찌 지 じゅういちじ	쥬 - 니 지 じゅうにじ

4시, 7시, 9시는 표현이 정해져 있으니까 꼭 외워둬!

1분	2분	3분	4분	5분
입 뿡 いっぷん	니 훙 にふん	삼 뿡 さんぷん	욤 뿡 よんぷん	고 훙 ごふん
6분	7분	8분	9분	10분
롭 뿡 ろっぷん	나 나 훙 ななふん	합 뿡 はっぷん	큐 - 훙 きゅうふん	쥽 뿡 じゅっぷん

'분'은 앞에 오는 숫자에 따라 ふん[훙]이라고도 하고 ぷん[뿡]이라고도 해. 발음하기 편하게 변화를 준 건데 처음에는 당연히 헷갈릴 거야. 여러 번 읽고 연습해보는 게 좋아. 그리고 '30분'을 말할 때 '30분'이라고도 하고 '반'이라고도 하잖아? '반'은 はん[항]이라고 해. '1시 30분'을 いちじはん[이 찌지 항]이라고도 할 수 있는 거지. 엄청 쉽지?

함께 풀어보자

🎧 14-3.mp3

문제를 풀면서 확인해볼까?
어렵지 않으니 겁먹지 말라고!

1 뜻이 같은 단어끼리 연결해보자.

3시 5분 · · ① しちじ にじゅっぷん
7시 20분 · · ② さんじ ごふん
4시 반 · · ③ よじ はん
오전 · · ④ ごご
오후 · · ⑤ ごぜん

2 빈칸에 들어갈 알맞은 단어는?

1 지금은 몇 시 몇 분입니까? いま_____ なんじ なんぷんですか。

① に   ② は   ③ が   ④ で

2 지금은 6시 50분입니다. いまは ろくじ ご_____です。

① じゅうふん   ② じゅうぷん
③ じゅっぷん   ④ じゅっふん

3 지금은 오후 7시 5분입니다. いまは _____ しちじ ごふんです。

① はん   ② いま   ③ ごぜん   ④ ごご

함께 써보자

🎧 14-4.mp3

오늘 배운 내용을 토대로 문장을 써볼까?
쓰면서 입으로 말해보는 것도 잊지 마~!

❶ いまは なんじ なんぷんですか。 지금은 몇 시 몇 분입니까?

❷ いまは ごぜん はちじ さんじゅっぷんです。
지금은 오전 8시 30분입니다.

❸ いまは じゅういちじ はんです。 지금은 11시 반입니다.

❹ よじ じゅっぷんです。 4시 10분입니다.

모두 함께 수다 타임

일본은 시간을 정확하게 지키기로 유명하지?
시간에 가장 예민한 것 중 하나는 '기차'야. 일본 기차 중 가장 빠른 것은 '신칸센'이라 불리는 고속열차인데, 이 신칸센은 평균 지연 시간이 12초밖에 안 돼. 전 세계에서 가장 짧은 지연 시간을 자랑한다고 해. 거의 지연되는 경우가 없다는 뜻이지.
기관사는 여러 상황의 시뮬레이션을 통해 연습을 하고, 면밀한 시스템을 운영해서 기차를 지연시키지 않으려고 노력한다고 해. 정말 대단하지.
이렇게 일본인들은 시간을 정확하게 지키기 위해 사회적으로 노력해. 전 세계 모든 사람들이 노력하는 부분이겠지만 특히 일본인들은 더 신경을 쓰는 부분이야. 일본인을 대하는 상황이 생기거나 약속이 생긴다면 시간을 더욱 신경 쓰는 게 좋겠지?

HELLO KITTY

DAY 15

내일은 약속이 있습니다.

あしたは やくそくが あります。

 오늘은 '어제', '오늘', '내일' 등 시간을 구체적으로 나타내는 표현에 대해 알려줄게! '오늘, 내일, 모레…', '아침, 낮, 밤…'은 어떻게 말할까?

오늘 배울 표현을 확인해봐!

_{아 시 타 와 약   소 꾸 가 아 리 마 스}
あしたは やくそくが あります。   내일은 약속이 있습니다.

_{테 스 토 와 아 삿 떼 노 아 사 데 스}
テストは あさっての あさです。   시험은 모레 아침입니다.

_{아 시 타}   _{약 소 꾸}   _{테 스 토}   _{아 삿 떼}   _{아 사}
あした 내일 | **やくそく** 약속 | **テスト** 시험 | **あさって** 모레 | **あさ** 아침

함께 알아보자

🎧 15-1.mp3

오늘 배울 표현을 하나하나 알기 쉽게 설명해볼게.

_{아 시 타 와   약   소 꾸 가 아 리 마 스}
あしたは やくそくが あります。

내일은 약속이 있습니다.

● _{아 시 타} **あした**　　　　　　　　　　　　　　　　내일

'내일'이라는 뜻이야. あす(아스)라고도 하는데, 일상 회화에서는 あした(아시타)를 더 편하게 많이 써.

● _{약   소 꾸} **やくそく**　　　　　　　　　　　　　　약속

'약속'이라는 뜻이야. 사회적인 규정을 뜻하기도 하고, 누군가와 만나는 일정을 뜻하는 '약속'도 돼. '야쿠소쿠'라고 하나하나 발음하지 않고 '약소쿠'처럼 두 번째 글자 く(쿠)를 아주 약하게 발음해주면 자연스러워.

テ ス ト 와 아 삿 떼 노 아 사 데 스
テストは あさっての あさです。
시험은 모레 아침입니다.

● **テスト** (테 스 토)　　　　　　　　　시험, 테스트

'시험'을 뜻하는 말이야. 영어 TEST를 그대로 가타카나로 옮긴 표현이지. '테스토' 이렇게 발음해주면 돼. '시험'은 일본어로 しけん(시켄)이라고도 해. 보통 일상적이고 간단한 시험은 テスト(테스토), 중요한 시험은 しけん(시켄)을 쓰는 경우가 많아.

● **あさって** (아 삿 떼)　　　　　　　　　모레

'모레'라는 뜻이야. 내일의 다음날을 말하고 싶을 때 쓰면 되는 거지. '아삿떼'라고 발음해.

● **あさ** (아 사)　　　　　　　　　아침

'아침'이라는 뜻이야. 해가 뜨는 시간부터 12시 전까지의 시간을 말하지. あ(아)에 악센트가 있어서 あ̄さ(아̄사)와 같이 발음해주면 자연스러워.

함께 읽어보자

🎧 15-2.mp3

앞서 배운 것들을 조금 더 확장해서 알아볼까?

오늘은 때를 나타내는 표현을 읽어보자. 시간과 때를 나타내는 다양한 표현을 알아두면 일상 회화에서 활용하기 편해!

그저께	어제	오늘	내일	모레
오 토 또 이 おととい	키 노 - きのう	쿄 - きょう	아 시 타 あした	아 삿 떼 あさって

그렇다면 '아침, 점심(낮), 저녁(밤)'은 어떻게 말할까?

아침	낮	밤
아 사 あさ	히 루 ひる	요 루 よる

마지막으로 '언제'만 더 알아볼까? '언제'는 いつ(이쯔)라고 해. 그래서 '언제입니까?'라고 묻고 싶을 때에는 いつですか(이쯔데스까)라고 하면 돼. 간단하지?

함께 풀어보자

🎧 15-3.mp3

문제를 풀면서 확인해볼까?
어렵지 않으니 겁먹지 말라고!

1 뜻이 같은 단어끼리 연결해보자.

오늘 •   • ① あさって
내일 •   • ② やくそく
모레 •   • ③ あした
아침 •   • ④ きょう
약속 •   • ⑤ あさ

2 빈칸에 들어갈 알맞은 단어는?

1 내일은 약속이 있습니다. あしたは やくそくが _____。

① います   ② いません   ③ あります   ④ ありません

2 시험은 모레 아침입니다. テストは あさっての _____ です。

① ひる   ② よる   ③ あさ   ④ いつ

3 약속은 오늘 오후 7시입니다.
やくそくは _____ の ごご しちじです。

① きょう   ② あした   ③ あさって   ④ あす

함께 써보자

오늘 배운 내용을 토대로 문장을 써볼까?
쓰면서 입으로 말해보는 것도 잊지 마~!

15-4.mp3

① あしたは やくそくが あります。 내일은 약속이 있습니다.

② テストは あさっての あさです。 시험은 모레 아침입니다.

③ やくそくは いつですか。 약속은 언제입니까?

④ きのうは テストでした。 어제는 시험이었습니다.

모두 함께 수다 타임

일본에는 아침, 낮, 밤 인사가 따로 있어. 아침에는 おはようございます(오하요-고자이마스), 낮에는 こんにちは(콘니찌와), 해가 진 후 밤에는 こんばんは(콤방와)라고 해.

하지만 꼭 시간을 지켜서 할 필요는 없어. 시간을 지키면 물론 좋겠지만, 상대와 인사를 나눈다는 게 중요한 거니까 아침에 こんにちは(콘니찌와)라고 해도 괜찮아. 제일 보편적으로 많이 쓰는 인사가 こんにちは(콘니찌와)거든. 가끔 어떤 사람은 낮인데도 오늘 처음 보면 무조건 おはようございます(오하요-고자이마스)라고 하기도 해. 이처럼 사람마다, 지역마다 다르지만 인사를 나눈다는 게 핵심이니까 인사할 때에는 늘 밝게 주고받으면 되는 거야.

그럼 '감사합니다'는 뭐라고 할까? ありがとうございます(아리가또-고자이마스)라고 해. 가끔 ありがとう(아리가또-)라고 하는 사람들이 있는데 ありがとう(아리가또-)는 반말이기 때문에 무례하게 들릴 수도 있으니까 조심하는 게 좋아. 그럼 사과하고 싶을 때 '죄송합니다'는 어떻게 말할까? ごめんなさい(고멘나사이)라고 하면 돼. 이 정도는 알아두면 좋겠지?

HELLO KITTY

DAY 16

오늘은 몇 월 며칠입니까?

きょうは なんがつ なんにちですか。

 오늘은 구체적인 날짜를 말하는 방법에 대해 알려줄게! 숫자는 기억하고 있지? 잘 기억나지 않는다면 숫자를 복습하고 오는 게 좋아!

오늘 배울 표현을 확인해봐!

쿄 - 와 낭 가츠 난 니찌데스까
きょうは なんがつ なんにちですか。   오늘은 몇 월 며칠입니까?

고 가츠 이츠카 와 코도모노 히   야스미데스
ごがつ いつかは こどもの ひ、やすみです。   5월 5일은 어린이날, 휴일입니다.

가츠   니찌   이츠카   코도모   히   야스미   탄 죠 - 비
がつ 월 | **にち** 일 | **いつか** 5일 | **こども** 아이, 어린이 | **ひ** 날 | **やすみ** 휴일 | **たんじょうび** 생일

함께 알아보자 🎧 16-1.mp3

오늘 배울 표현을 하나하나 알기 쉽게 설명해볼게.

_{쿄   -   와   낭   가츠   난   니찌데스까}
きょうは なんがつ なんにちですか。

오늘은 몇 월 며칠입니까?

● _{가 츠}
がつ   월

'월'이라는 뜻이야. 1월부터 12월까지 나타낼 수 있지. 1부터 12 숫자 뒤에 がつ(가츠)를 붙여주기만 하면 돼.

● _{니 찌}
にち   일

'일'이라는 뜻이야. 날짜를 말할 때 숫자 뒤에 にち(니찌)를 붙이면 돼. '니치'보다는 '니찌'에 가깝게 발음하는 게 자연스러워.

ごがつ いつかは こどもの ひ、やすみです。
<small>고 가츠 이츠카 와 코도모노 히 야스미데스</small>

5월 5일은 어린이날, 휴일입니다.

● **いつか** <small>이츠카</small>   5일

'5일'이라는 뜻이야. 일본은 '1일부터 10일까지'는 순 일본어를 사용해. '숫자+にち(니찌)'를 쓰지 않는 거지. 이건 〈함께 읽어보자〉에서 자세하게 알려줄게.

● **こどもの ひ** <small>코도모노 히</small>   어린이날

'어린이날'이라는 뜻이야. こども(코도모)는 '어린이'이고, の(노)는 '~의'라고 배웠지? ひ(히)는 '날'이라는 뜻이야. 그래서 '어린이의 날'이 되는 거지. 참고로 일본의 어린이날은 한국과 같은 5월 5일이야.

● **やすみ** <small>야스미</small>   휴일

'휴일'이라는 뜻이야. 사실 やすみ(야스미)는 기간이 중요하지 않아. 쉬는 시간을 모두 やすみ(야스미)라고 하거든. 수업 시간 사이사이 쉬는 시간 10분이라도 やすみ(야스미)라고 할 수 있고, 공휴일처럼 하루 쉬는 것도 やすみ(야스미), 방학처럼 긴 것도 やすみ(야스미)라고 할 수 있어. 쉬는 기간은 모두 やすみ(야스미)야! 참고로 '생일'은 たんじょうび(탄죠-비)라고 해!

함께 읽어보자

🎧 16-2.mp3

앞서 배운 것들을 조금 더 확장해서 알아볼까?

이제 날짜를 구체적으로 어떻게 읽는지 알아볼까?

 '날짜'를 말하는 표현

1월	2월	3월	4월	5월	6월
이 찌 가 츠 いちがつ	니 가 츠 にがつ	상 가 츠 さんがつ	시 가 츠 しがつ	고 가 츠 ごがつ	로 쿠 가 츠 ろくがつ
7월	8월	9월	10월	11월	12월
시 찌 가 츠 しちがつ	하 찌 가 츠 はちがつ	쿠 가 츠 くがつ	쥬 ― 가 츠 じゅうがつ	쥬 ― じゅう 이 찌 가 츠 いちがつ	쥬 ― じゅう 니 가 츠 にがつ

4월, 7월, 9월은 숫자에 유의해줘!

1일	2일	3일	4일	5일
츠 이 타 치 ついたち	후 츠 카 ふつか	믹 카 みっか	욕 카 よっか	이 츠 카 いつか
6일	7일	8일	9일	10일
무 이 카 むいか	나 노 카 なのか	요 ― 카 ようか	코 꼬 노 카 ここのか	토 ― 카 とおか
14일		20일		24일
쥬 ― 욕 카 じゅうよっか		하 츠 카 はつか		니 쥬 ― 욕 카 にじゅうよっか

1일부터 10일까지는 '숫자+にち(니찌)'를 쓰지 않고 순 일본어를 사용해. 그리고 나머지 날짜는 '숫자+にち(니찌)'를 쓰면 돼. 다만 14일, 20일, 24일만 좀 주의 깊게 봐줘.

함께 풀어보자

🎧 16-3.mp3

문제를 풀면서 확인해볼까?
어렵지 않으니 겁먹지 말라고!

1 뜻이 같은 단어끼리 연결해보자.

월	•	•	① こども
일	•	•	② がつ
휴일	•	•	③ たんじょうび
어린이	•	•	④ にち
생일	•	•	⑤ やすみ

2 빈칸에 들어갈 알맞은 단어는?

1 오늘은 몇 월 며칠입니까?

きょうは なん_____ なん_____ですか。

① にち、がつ　　　② がつ、にち
③ いつ、がつ　　　④ かつ、いち

2 5월 5일은 어린이날, 휴일입니다.

ごがつ _____は こどもの ひ、やすみです。

① いつか　② こにち　③ ごご　④ いちか

3 생일은 언제입니까? たんじょうびは _____ですか。

① なん　　② どこ　　③ いつ　　④ なに

함께 써보자

오늘 배운 내용을 토대로 문장을 써볼까?
쓰면서 입으로 말해보는 것도 잊지 마~!

🎧 16-4.mp3

① きょうは なんがつ なんにちですか。 오늘은 몇 월 며칠입니까?

② ごがつ いつかは こどもの ひです。 5월 5일은 어린이날입니다.

③ きょうは やすみです。 오늘은 휴일입니다.

④ わたしの たんじょうびは くがつ ふつかです。
제 생일은 9월 2일입니다.

모두 함께 수다 타임

일본의 공휴일에는 어떤 날들이 있을까?

일본에는 한국과는 다른 독특한 공휴일이 있어.

7월 셋째 주 월요일은 '바다의 날'이야. 바다의 은혜에 감사하기 위해 지정한 날이라고 해. '산의 날'도 있어. 8월 11일이고 산의 은혜에 감사하기 위해 지정한 날인데, 보통 등산을 한다고 해. 한국에도 바다의 날, 산의 날이 있지만 공휴일은 아니야. 하지만 일본은 공휴일인 점이 한국과 달라.

또 한 가지 다른 점은 한국은 크리스마스가 휴일이지만 일본은 휴일이 아니라는 거야. 크리스마스를 기념하기는 하지만 온 국민이 쉬는 '빨간 날'은 아닌 거지. 종교에 대해서는 국가가 개입하지 않는다는 취지라고 해. 그런 의미로 한국에서는 공휴일인 부처님 오신 날도 일본에서는 공휴일이 아니야. 공휴일을 알아보는 것도 그 나라의 가치관을 알 수 있어서 재미있지?

또 한국에서는 공휴일의 어떤 날은 양력이고 어떤 날은 음력이잖아? 하지만 일본에서는 모두 양력이야. 그것도 한국과 다른 점이지.

DAY 17

몇 개입니까?

いくつですか。

오늘은 '개수'를 말하는 방법에 대해 알려줄게! 한국어에도 '일, 이, 삼…' 뿐 아니라 '하나, 둘, 셋…'이 있는 것처럼 일본어도 여러 방식으로 숫자를 세. 차근차근 배워보자.

오늘 배울 표현을 확인해봐!

이 쿠 츠 데 스 까
いくつですか。　　　　　　　　　　　　　　　　몇 개입니까?

히 토 츠 다 케 데 스
ひとつだけです。　　　　　　　　　　　　　　　한 개뿐입니다.

이 쿠 츠　　　　　히 토 츠　　　　　다 케　　　　　　　스 코 시　　　　　코
いくつ 몇 개 ｜ ひとつ 한 개 ｜ ～だけ ~뿐, ~만 ｜ すこし 조금 ｜ ～こ ~개(개수를 셀 때)

함께 알아보자

🎧 17-1.mp3

오늘 배울 표현을 하나하나 알기 쉽게 설명해볼게.

이 쿠 츠 데 스 까
いくつですか。

몇 개입니까?

● 이 쿠 츠
いくつ　　　　　　　　　　　　　　　　　　　몇 개

'몇 개'라는 뜻이야. 개수를 물어볼 때 쓰는 말이지. 나이를 물을 때 おいくつですか(오이쿠츠데스까)라고 한다는 거 기억나? おいくつ(오이쿠츠)에서 いくつ(이쿠츠)가 원래는 '몇 개'를 뜻하는 말이야. いくつ(이쿠츠)라고 하면 '몇 개'를 뜻하고 おいくつ(오이쿠츠)라고 하면 공손하게 상대방의 나이를 묻는 표현이야.

_{히 토 츠 다 케 데 스}
ひとつだけです。

한 개뿐입니다.

● _{히 토 츠} **ひとつ** 　　　　　　　　　　　　　　　　　　　　　한 개

'한 개'라는 뜻이야. 일본에서 개수를 셀 때 '한 개부터 열 개'까지는 보통 순 일본어를 사용해. 〈함께 읽어보자〉에서 자세하게 알려줄게.

● _{다 케} **〜だけ** 　　　　　　　　　　　　　　　　　　　　　~뿐, ~만

'~뿐, ~만'이라는 뜻이야. 개수나 정도 등 어떤 범위의 한계를 나타내는 말이지. 예를 들어, '한 개만 있다', '나만 있다' 등 어떠한 양을 한정 짓는 표현이야.

● _{스 코 시 다 케} **すこしだけ** 조금만

함께 읽어보자

🎧 17-2.mp3

앞서 배운 것들을 조금 더 확장해서 알아볼까?

일본에서는 개수를 셀 때 '1개부터 10개'까지는 보통 순 일본어를 사용해. 그럼 '11개'부터는 어떻게 세냐고? 숫자 뒤에 こ(코)를 붙이면 돼. '13개'는 じゅうさんこ(쥬-상코), '52개'는 ごじゅうにこ(고쥬-니코) 이런 식으로 말이야. 물론 '1개부터 10개'도 こ(코)를 써도 괜찮아. 다만, 순 일본어 표현을 더 자연스럽게 많이 써. 처음에는 낯설겠지만 여러 번 반복하면 금방 익숙해질 거야. 소리 내서 읽어보자.

 '개수'를 말하는 표현

	한 개	두 개	세 개	네 개	다섯 개
순 일본어	히토츠 ひとつ	후타츠 ふたつ	밋츠 みっつ	욧츠 よっつ	이츠츠 いつつ
	여섯 개	일곱 개	여덟 개	아홉 개	열 개
	뭇츠 むっつ	나나츠 ななつ	얏츠 やっつ	코꼬노츠 ここのつ	토- とお
	한 개	두 개	세 개	네 개	다섯 개
숫자+こ	익코 いっこ	니코 にこ	상코 さんこ	용코 よんこ	고코 ごこ
	여섯 개	일곱 개	여덟 개	아홉 개	열 개
	록코 ろっこ	나나코 ななこ	학코 はっこ	큐-코 きゅうこ	쥭코 じゅっこ

마지막으로, '몇 개 주세요'라고 할 때는 갖고 싶은 개수 뒤에 ください(쿠다사이)를 붙이면 돼.

- 한 개 주세요. ひとつ、ください。 (히토츠 쿠다사이)
- 다섯 개 주세요. いつつ、ください。 (이츠츠 쿠다사이)

함께 풀어보자

17-3.mp3

문제를 풀면서 확인해볼까?
어렵지 않으니 겁먹지 말라고!

1 뜻이 같은 단어끼리 연결해보자.

두 개　　•　　　　　•　① だけ
네 개　　•　　　　　•　② ふたつ
~뿐　　　•　　　　　•　③ すこし
조금　　•　　　　　•　④ よっつ
몇 개　　•　　　　　•　⑤ いくつ

2 빈칸에 들어갈 알맞은 단어는?

1 몇 개입니까?　_____ ですか。

① いくら　② なん　③ どこ　④ いくつ

2 두 개뿐입니다.　ふたつ_____ です。

① なに　② だけ　③ で　④ に

3 아홉 개 주세요.　ここのつ _____ 。

① です　② でした　③ ください　④ あります

함께 써보자

17-4.mp3

오늘 배운 내용을 토대로 문장을 써볼까?
쓰면서 입으로 말해보는 것도 잊지 마~!

① いくつですか。 몇 개입니까?

② ひとつだけです。 한 개뿐입니다.

③ みっつ、ください。 세 개 주세요.

④ じゅうさんこ、ください。 열세 개 주세요.

모두 함께 수다 타임

많은 물건의 개수를 셀 때 '하나, 둘, 셋…' 하고 세기도 하지만 빠르게 세기 위해 '둘, 넷, 여섯, 여덟…' 하고 셀 때가 있잖아? 일본도 마찬가지야. '이, 사, 육, 팔, 십…'을 일본에서는 어떻게 말할까?

일단 に[니]·し[시]·ろく[로쿠]·はち[하찌]·じゅう[쥬-]라고는 하지 않아. 지역마다 차이가 있지만 크게 두 가지로 말하는 것 같아.

첫 번째는 に[니]·し[시]·ろ[로]·や[야]·とお[토-], 두 번째는 に[니]·し[시]·ろ[로]·は[하]·とお[토-] 이렇게 말해. 2와 4를 뜻하는 に[니]와 し[시]는 그대로지만 6은 ろく[로쿠]에서 한 글자만 따와서 사용해. 그리고 '여덟'에서 나뉘는데 여덟 개를 뜻하는 やっつ[얏츠]에서 맨 앞 글자만 따오거나, 8을 뜻하는 はち[하찌]에서 맨 앞 글자만 따와서 말하곤 해. 이것은 지역이나 사람에 따라 다른 것 같아. 마지막은 '열 개'를 뜻하는 とお[토-]로 마무리!

숫자와 개수 세는 방법이 섞인 독특한 형태이지만 일본인들이 많이 하는 방법이니까 한 번쯤 개수를 셀 때 써보면 좋겠지? 같이 해볼까? "니, 시, 로, 야, 토-!"

HELLO KITTY

DAY 18

몇 명입니까?

なんにんですか。

오늘은 사람 수를 말하고 싶을 때에는 어떻게 말하는지 같이 살펴볼 거야. 몇 명인지에 따라 표현하는 방법이 다르니까 차근차근 알아보자고!

오늘 배울 표현을 확인해봐!

난 닌 데 스 까
なんにんですか。 　　　　　　　몇 명입니까?

오 토 나　후 타 리 토　코 도 모　히 토 리 데 스
おとな ふたりと こども ひとりです。　　어른 두 명과 아이 한 명입니다.

닝　　　　　　　　오토나　　　　후타리　　　　토　　　　　히토리
~にん ~명, ~인 | おとな 어른 | ふたり 두 명 | ~と ~와/과 | ひとり 한 명

함께 알아보자

🎧 18-1.mp3

오늘 배울 표현을 하나하나 알기 쉽게 설명해볼게.

<ruby>な<rt>난</rt></ruby><ruby>ん<rt>닌</rt></ruby><ruby>に<rt>데</rt></ruby><ruby>ん<rt>스</rt></ruby><ruby>で<rt>까</rt></ruby>

なんにんですか。

몇 명입니까?

● ～にん (닝)　　　　　　　　　　　　　　～명, ～인

사람 수를 셀 때 쓰는 단위인 '～명, ～인'이라는 뜻이야. 보통 앞에 숫자가 오고 그 뒤에 にん(닝)을 붙이면 돼. '닌'과 '닝'의 중간 발음을 해주면 자연스러워! なん(난)은 '무엇'이라는 뜻이라고 앞에서 배웠지? 그래서 なんにん(난닝)은 '몇 명'이라는 뜻이 돼.

おとな ふたりと こども ひとりです。
오토나 후타리토 코도모 히토리데스

어른 두 명과 아이 한 명입니다.

● **おとな** (오토나) — 어른, 성인

'어른'이라는 뜻이야. 보통 스무 살 이상의 성인을 말하지. 입장료나 티켓을 구입할 때 대인, 소인 기준으로 금액이 달라지는 경우가 많잖아? 그때 '대인'은 おとな(오토나), '소인'은 こども(코도모)라고 하면 돼.

● **ふたり** (후타리) — 두 명, 2인

'두 명'이라는 뜻이야. 숫자 2(니)에 '~명'을 뜻하는 にん(닝)을 붙여서 ににん(니닝)이라고 할 것 같지만, 그렇지 않아. '두 명'은 꼭 ふたり(후타리)라고 해.

● **～と** (토) — ~와/과

한국어의 '~와/과'에 해당해. 'A와 B'처럼 어떠한 대상들을 나열할 때 사용하지.
● おかあさんと おとうさん (오까-산토 오또-상) 엄마와 아빠

● ひとり
_{히 토 리}

한 명, 1인

'한 명'이라는 뜻이야. 숫자 1(이찌)에 '~명'을 뜻하는 にん(닝)을 붙여서 いちにん(이찌닝)이라고 할 것 같지만, 그렇지 않아. '한 명'은 꼭 ひとり(히토리)라고 해. 사람 수를 세는 방법에 대해서는 〈함께 읽어보자〉에서 다시 한 번 설명해줄게!

함께 읽어보자

🎧 18-2.mp3

앞서 배운 것들을 조금 더 확장해서 알아볼까?

사람 수를 셀 때는 어떻게 세는지 하나씩 읽어보자. '한 명, 1인'과 '두 명, 2인'은 순 일본어로 세고, 나머지는 '숫자+にん(닝)'으로 세면 돼.

 **'사람 수'를 말하는 표현**

한 명	두 명	세 명	네 명	다섯 명
히토리 ひとり	후타리 ふたり	산 닝 さんにん	요 닝 よにん	고 닝 ごにん
여섯 명	일곱 명	여덟 명	아홉 명	열 명
로쿠 닝 ろくにん	시찌닝 しちにん/ 나나닝 ななにん	하찌닝 はちにん	큐 - 닝 きゅうにん/ 쿠 닝 くにん	쥬 - 닝 じゅうにん

그럼 '몇 명이세요?'라고 하려면 어떻게 물으면 될까? なんにんですか(난닌데스까)라고 하면 돼. 하지만 한 가지 조심해야 할 것은 격식을 차려야 하는 자리에서는 이 표현이 조금 무례하게 들릴 수 있어. 한국에서도 격식을 차릴 때는 '몇 명이세요?'보다는 '몇 분이세요?'라고 하잖아. 그런 뉘앙스라고 보면 돼. 그래서 일본 음식점에 가면 손님에게 なんにんですか(난닌데스까)라고 하지 않고 なんめいさまですか(남메-사마데스까)라고 하는 것을 들을 수 있어. 조금 더 격식 있고 공손하게 물어보는 표현이야. 알아두면 좋겠지?

함께 풀어보자

🎧 18-3.mp3

문제를 풀면서 확인해볼까?
어렵지 않으니 겁먹지 말라고!

1 뜻이 같은 단어끼리 연결해보자.

한 명 •   • ① にん
두 명 •   • ② ふたり
~명 •   • ③ ひとり
어른 •   • ④ おとな

2 빈칸에 들어갈 알맞은 단어는?

1 몇 명입니까? _____にんですか。

① なん   ② なに   ③ どの   ④ いくつ

2 어른 두 명과 아이 한 명입니다.
おとな ふたり_____ こども ひとりです。

① を   ② が   ③ に   ④ と

3 다섯 명입니다. _____です。

① こにん   ② ごにん   ③ いつにん   ④ いつつ

함께 써보자

오늘 배운 내용을 토대로 문장을 써볼까?
쓰면서 입으로 말해보는 것도 잊지 마~!

① なんにんですか。 몇 명입니까?

② おとな ふたりと こども ひとりです。 어른 두 명과 아이 한 명입니다.

③ さんにんですか。 세 명입니까?

④ なんめいさまですか。 〔음식점에서〕 몇 분이십니까?

모두 함께 수다 타임

일본 음식점에 가면 なんめいさまですか(남메-사마데스까)라는 질문을 점원에게 들을 수 있다고 했지? '몇 분이세요?'라는 뜻이야. 음식점마다 조금 다를 수는 있지만 일본은 대부분 손님이 들어가면 점원이 안내해줄 때까지 기다려야 해. 한국에서는 내가 앉고 싶은 자리에 먼저 앉아도 되는 경우가 있지만, 일본에서는 점원이 손님의 인원수에 따라 직접 안내를 해주거든. 그래서 음식점에 들어가면 잠시 기다리는 것이 매너야. 예약석이 따로 있을 수도 있거든.
이 밖에 일본 음식점에서 지켜야 할 매너에는 어떤 것들이 있을까?
일본에서는 전골 요리 등 여럿이 함께 먹는 음식을 시키면 꼭 덜어 먹어. 한국에서는 친한 사이에는 같이 떠먹기도 하잖아? 일본에서는 꼭 개인 접시에 덜어서 먹는 게 예의야. 개인 접시는 こざら(코자라) 혹은 とりざら(토리자라)라고 해. 그리고 모든 음식을 젓가락으로 먹는 게 기본이야. 물론, 불편할 때에는 숟가락을 달라고 해서 먹어도 괜찮아. 그리고 음식을 먹기 전에는 いただきます(이타다키마스), 먹고 난 후에는 ごちそうさまでした(고치소-사마데시타)라고 인사하는 것도 잊지 마!

HELLO KITTY

  DAY 19

다음 주 금요일은 축제입니다.

らいしゅうの きんようびは まつりです。

 오늘은 요일 표현에 대해 알려줄게. 그리고 '이번 주, 다음 주, 다다음 주' 등 '주'를 나타내는 어휘들도 함께 알아보자고!

오늘 배울 표현을 확인해봐!

라이 슈 ー 노   킹 요 ー 비 와 마츠리데스
らいしゅうの きんようびは まつりです。

다음 주 금요일은 축제입니다.

하 나 비 타 이 카 이 와   센   슈 ー 노
はなびたいかいは せんしゅうの
도 요 ー 비 데 시 타
どようびでした。

불꽃축제는 지난주 토요일이었습니다.

라이 슈 ー
らいしゅう 다음 주 | 킹 요 ー 비
きんようび 금요일 | 마츠리
まつり 축제 | 하 나 비 타 이 카 이
はなびたいかい 불꽃축제 |
센 슈 ー
せんしゅう 지난주 | 도 요 ー 비
どようび 토요일

199

함께 알아보자

🎧 19-1.mp3

오늘 배울 표현을 하나하나 알기 쉽게 설명해볼게.

라이 슈 － 노　킹 요 － 비 와 마츠리데스
らいしゅうの きんようびは まつりです。

다음 주 금요일은 축제입니다.

● 라이 슈 －
らいしゅう   다음 주

'다음 주'라는 뜻이야. らい(라이)가 '다음'을 뜻하고 しゅう(슈-)가 '주'를 의미해. 그렇다면 '지난주', '이번 주'는? 〈함께 읽어보자〉에서 정리해줄게.

● 킹 요 － 비
きんようび   금요일

'금요일'이라는 뜻이야. '다음 주 금요일'은 らいしゅうの きんようび(라이슈-노 킹요-비)라고 해. 단어를 연결할 때 중간에 の(노)를 넣어야 하는 것 잊지 않았지? 월요일부터 일요일까지 어떻게 말하는지는 〈함께 읽어보자〉에서 하나하나 알려줄게.

● まつり
마 츠 리

축제

'축제'라는 뜻이야. 일본에는 축제가 정말 많아. 지역별로도 유명한 축제가 많고, 시기에 따라 열리는 축제도 정말 다양해. 축제가 약 2,400개 정도 된다고 해. 엄청나지?

はなびたいかいは せんしゅうの どようびでした。
하 나 비 타 이 카 이 와   센   슈 - 노
도 요 - 비 데 시 타

불꽃축제는 지난주 토요일이었습니다.

● はなびたいかい
하 나 비 타 이 카 이

불꽃축제

'불꽃축제'라는 뜻이야. 일본에서는 여름철에 각 지역에서 불꽃축제를 해. 주민 전체가 즐기는 축제 중 하나지. はなび(하나비)가 '불꽃'이라는 뜻인데, はなびたいかい(하나비타이카이)를 줄여서 はなび(하나비)라고 하기도 해. たいかい(타이카이)는 '대회'라는 뜻인데, 여기서는 경쟁의 의미는 없고 '큰 행사'의 의미로 쓰였다고 보면 돼.

● <ruby>せ<rt>센</rt></ruby><ruby>ん<rt></rt></ruby><ruby>し<rt>슈</rt></ruby><ruby>ゅ<rt></rt></ruby><ruby>う<rt>-</rt></ruby>　　　　　　　　　　　　　　　　　　지난주

'지난주'라는 뜻이야. せん(센)이 '지난'을 뜻하고 しゅう(슈-)가 '주'를 의미해. 장음을 잘 살려서 '센슈-'로 읽어줘. '센슈'라고 짧게 발음해버리면 <DAY 06>에서 배웠던 せんしゅ(센슈), '선수'라는 뜻이 되니 조심해줘.

● <ruby>ど<rt>도</rt></ruby><ruby>よ<rt>요</rt></ruby><ruby>う<rt>-</rt></ruby><ruby>び<rt>비</rt></ruby>　　　　　　　　　　　　　　　　　　토요일

'토요일'이라는 뜻이야. ようび(요-비)가 '요일'이라는 뜻이거든. <함께 읽어보자>에서 '요일'에 대해 같이 알아보자.

함께 읽어보자

19-2.mp3

앞서 배운 것들을 조금 더 확장해서 알아볼까?

'요일'은 ようび(요-비)라고 해. '월, 화, 수, 목, 금, 토, 일'은 한국 발음과 비슷해. 또 '무슨 요일인가요?'하고 요일을 묻고 싶을 때에는 なんようびですか(낭요-비데스까)라고 하면 돼. 자, 요일을 일본어로 읽어볼까?

 '요일'을 말하는 표현

월요일	화요일	수요일	목요일
게츠요-비 げつようび	카요-비 かようび	스이요-비 すいようび	모쿠요-비 もくようび
금요일	토요일	일요일	무슨 요일
킹요-비 きんようび	도요-비 どようび	니찌요-비 にちようび	낭요-비 なんようび

이번에는 지난주, 이번 주, 다음 주 등 '주' 표현을 읽어보자.

지지난주	지난주	이번 주	다음 주	다다음 주
센센 슈- せんせんしゅう	센 슈- せんしゅう	콘 슈- こんしゅう	라이 슈- らいしゅう	사라이 슈- さらいしゅう

마지막으로 지난달, 이번 달, 다음 달 등 '월' 표현을 읽어보자. '월'은 위의 표에서 '주'를 뜻하는 しゅう(슈-)를 げつ(게츠)로만 바꾸면 돼. 어렵지 않지?

지지난달	지난달	이번 달	다음 달	다다음 달
센 센게츠 せんせんげつ	셍 게츠 せんげつ	콩 게츠 こんげつ	라이게츠 らいげつ	사라이게츠 さらいげつ

함께 풀어보자

🎧 19-3.mp3

문제를 풀면서 확인해볼까?
어렵지 않으니 겁먹지 말라고!

❶ 뜻이 같은 단어끼리 연결해보자.

월요일 •   • ① せんしゅう
지난주 •   • ② らいしゅう
축제   •   • ③ まつり
다음 주 •   • ④ もくようび
목요일 •   • ⑤ げつようび

❷ 빈칸에 들어갈 알맞은 단어는?

1 다음 주 화요일은 축제입니다.

らいしゅうの _____ は まつりです。

① げつようび ② かようび ③ すいようび ④ もくようび

2 불꽃축제는 이번 주 토요일입니다.

はなびたいかいは _____ の どようびです。

① こんしゅう ② せんしゅう ③ らいしゅう ④ さらいしゅう

3 지난주 금요일은 엄마 생신이었습니다.

せんしゅうの _____ は おかあさんの たんじょうびでした。

① どようび ② すいようび ③ きんようび ④ にちようび

🎧 19-4.mp3

함께 써보자

오늘 배운 내용을 토대로 문장을 써볼까?
쓰면서 입으로 말해보는 것도 잊지 마~!

❶ らいしゅうの きんようびは まつりです.   다음 주 금요일은 축제입니다.

✏️

❷ はなびたいかいは せんしゅうの どようびでした.
불꽃축제는 지난주 토요일이었습니다.

✏️

❸ こんしゅうの にちようびは わたしの たんじょうびです.
이번 주 일요일은 제 생일입니다.

✏️

❹ さらいしゅうの げつようびは やすみです.
다다음 주 월요일은 휴일입니다.

✏️

모두 함께 수다 타임

일본의 축제는 지역마다 고유의 테마를 가지고 다양하게 열려. 그중에서도 '3대 축제'라고 불리는 축제가 있는데, 바로 도쿄의 '간다 마쓰리', 오사카의 '덴진 마쓰리', 그리고 교토의 '기온 마쓰리'야. 덴진 마쓰리와 기온 마쓰리는 매년 7월에 열리고 간다 마쓰리는 매년 5월에 열려.

덴진 마쓰리와 기온 마쓰리는 대표적인 여름 축제야. 그래서 마지막 날 불꽃축제로 아름답고 멋지게 마무리하는데, 정말 장관이야. 보통, 마쓰리는 유카타를 입고 퍼레이드를 관람하고, 마쓰리 유래에 맞는 소원을 빌기도 하고, 맛있는 길거리 음식을 먹으면서 좋아하는 사람들과 즐기곤 해.

마쓰리에서 길거리 음식 등을 파는 곳을 야타이(야타이)라고 하는데, 한국의 '포장마차' 같은 곳이야. 다코야키, 오코노미야키, 링고아메, 가키고오리 같은 음식을 사 먹을 수 있고, 요요쓰리(물풍선 낚시), 긴교스쿠이(금붕어 건지기), 스파볼 스쿠이(슈퍼볼 건지기) 같은 놀이도 즐길 수 있어. 일본 여행을 가게 된다면 이 시기에 맞춰 가서 멋진 전통 마쓰리를 구경해보는 것도 추천해.

HELLO KITTY

DAY 20

9시부터 6시까지입니다.

くじから ろくじまでです。

 오늘은 시간, 장소에 상관없이 모두 쓸 수 있는 '~부터 ~까지'라는 표현에 대해 배워볼 거야. 준비됐지?

오늘 배울 표현을 확인해봐!

쿠 지 까 라 로 쿠 지 마 데 데 스
くじから ろくじまでです。 9시부터 6시까지입니다.

에 - 교 - 지 캉 와 쥬 - 지 마 데 데 스
えいぎょうじかんは じゅうじまでです。 영업시간은 10시까지입니다.

카 라   마 데   에 - 교 -   지 캉   이에   토 - 쿄 - 에 키
~から ~부터 | ~まで ~까지 | えいぎょう 영업 | じかん 시간 | いえ 집 | とうきょうえき 도쿄역 |
쥬 교 -
じゅぎょう 수업

함께 알아보자

🎧 20-1.mp3

오늘 배울 표현을 하나하나 알기 쉽게 설명해볼게.

쿠 지 까 라   로 쿠 지 마 데 데 스
くじから ろくじまでです。

9시부터 6시까지입니다.

● 　카　라
　 ～から 　　　　　　　　　　　　　　　～부터

'~부터'라는 뜻이야. 장소나 시간의 관점에서 출발하는 위치를 나타내는 말이야. 위 문장에서는 앞에 くじ(쿠지)라는 시간을 넣었어. くじ(쿠지)는 '9시'니까 くじから(쿠지까라)는 '9시부터'가 되지.

● 　마　데
　 ～まで 　　　　　　　　　　　　　　　～까지

'~까지'라는 뜻이야. 시간의 흐름이나 공간의 이동이 끝나는 지점을 나타내는 말이야. 위 문장에서는 앞에 ろくじ(로쿠지)라는 시간을 넣었어. ろくじ(로쿠지)는 '6시'니까 ろくじまで(로쿠지마데)는 '6시까지'가 돼.

에 - 교 - 지 캉 와 쥬 - 지 마 데 데 스
えいぎょうじかんは じゅうじまでです。

영업시간은 10시까지입니다.

● **えいぎょう** (에-교-) 　　　　　　　　　　　　　　　　영업

'영업'이라는 뜻이야. '에이교우'가 아니라 '에-교-'라고 발음해야 해. '에'를 길게, '교'를 길게 발음해줘. 장음이거든.

● **じかん** (지 캉) 　　　　　　　　　　　　　　　　　　시간

'시간'이라는 뜻이야. 영업시간, 24시간 등 다양한 단어와 결합하여 사용할 수 있어.

　● にじゅうよ**じかん** (니 쥬 - 요 지 캉) 24시간

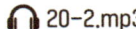

함께 읽어보자

앞서 배운 것들을 조금 더 확장해서 알아볼까?

시작과 끝 지점을 나타내는 から(카라)와 まで(마데)를 어떤 문장에서 어떻게 쓰는지 문장을 만들어서 읽어보자!

  '시작과 끝'을 말하는 표현

| [장소]+から+[장소]+まで
카라 　　　　　 마데
~에서 ~까지 | 먼저 '장소'의 시작과 끝을 이야기할 때 쓸 수 있어. 꼭 같이 써야 하는 것은 아니야. から(카라), まで(마데) 각각 단독으로도 쓸 수 있어. |

예문 1 　이 에 까 라　콤　비 니 마 데　쥽　뿐 데 스
いえから コンビニまで じゅっぷんです。 집에서 편의점까지 10분입니다.

예문 2 　토 ― 쿄 ― 에 키 마 데　오 네 가 이 시 마 스
とうきょうえきまで おねがいします。 도쿄역까지 부탁합니다.

| [시간]+から+[시간]+まで
카라 　　　　　 마데
~부터 ~까지 | から(카라), まで(마데)는 '시간'의 시작과 끝을 이야기할 때도 쓸 수 있어. 마찬가지로 から(카라), まで(마데) 각각 단독으로도 쓸 수 있어. |

예문 1 　쥬　교 ― 와 쿠 지 까 라 데 스
じゅぎょうは くじからです。 수업은 9시부터입니다.

예문 2 　코 노　콤 비 니 와　쥬 ― 니 지 마 데 데 스
この コンビニは じゅうにじまでです。 이 편의점은 12시까지입니다.

함께 풀어보자

🎧 20-3.mp3

문제를 풀면서 확인해볼까?
어렵지 않으니 겁먹지 말라고!

❶ 뜻이 같은 단어끼리 연결해보자.

~부터 ・　　　　　　・ ① えいぎょう
~까지 ・　　　　　　・ ② から
영업　・　　　　　　・ ③ じゅぎょう
시간　・　　　　　　・ ④ まで
수업　・　　　　　　・ ⑤ じかん

❷ 빈칸에 들어갈 알맞은 단어는?

1 10시부터 7시까지입니다. じゅうじ_____ しちじまでです。

① で　　② に　　③ から　　④ まで

2 영업시간은 24시간입니다.
えいぎょうじかんは にじゅうよ_____です。

① じ　　② じかん　　③ ふん　　④ しかん

3 도쿄역까지 부탁합니다(가 주세요).
とうきょうえき_____ おねがいします。

① から　　② まで　　③ を　　④ と

함께 써보자

오늘 배운 내용을 토대로 문장을 써볼까? 쓰면서 입으로 말해보는 것도 잊지 마~!

🎧 20-4.mp3

❶ くじから ろくじまでです。　9시부터 6시까지입니다.

❷ えいぎょうじかんは じゅうじまでです。　영업시간은 10시까지입니다.

❸ ここから あそこまでです。　여기에서 저기까지입니다.

❹ とうきょうえきまで おねがいします。　도쿄역까지 부탁합니다.

모두 함께 수다 타임

영업시간이 끝나면 음식점이든 뭐든 이용할 수 없게 되잖아. 하지만 영업시간에 구애받지 않는 게 있지? 바로 자판기야. 일본은 '자판기의 나라'라고 불릴 정도로 다양한 자판기가 정말 많아. 전국에 약 400만 대가 설치되어 있다고 해. 인구 30명당 1대의 비율인데, 전 세계적으로도 굉장히 높은 수치라고 해.

담배 자판기가 처음 등장한 것은 1988년인데, 이미 1950년대부터 생수나 주스 등 다양한 자판기가 보급되었다고 해. 최근에는 음료뿐 아니라 회, 아이스크림, 라멘, 고기까지 정말 다양한 것들을 자판기로 판매하고 있어. 일본에서만 경험할 수 있는 독특한 문화인 것 같아. 심지어 식당에서도 자판기로 식권을 사야 하는 곳도 많으니까 말이야.

자판기만으로도 하나의 문화가 만들어질 수 있다는 점이 신기한 것 같아. 그리고 일본의 자판기가 발달할 수 있었던 이유 중 하나가 치안이라는 의견도 있어. 치안이 좋기 때문에 누군가 자판기를 부수거나 훔쳐가는 경우가 잘 없다는 거지. 또, 일본에서 자판기로 구매할 수 있는 것들에는 어떤 것들이 있을까?

최종 확인 문제

마지막까지 달려오다니 정말 수고했어! 열심히 공부해서 이 책을 마무리하게 된 것 진짜 축하해! 마무리로 그동안 공부했던 내용들을 확인해보자. 자신 없으면 다시 한 번 훑어보고 와도 좋아! 문제를 풀면서 내가 놓쳤던 부분들을 다시 한 번 점검해보자고. 마지막까지 힘내!

❶ B의 나이는 몇 살입니까?

> Ⓐ おいくつですか。
> Ⓑ わたしは にじゅうさんさいです。

① 13살　　② 20살　　③ 23살　　④ 32살

❷ A는 점원에게 얼마를 지불하면 될까요?

> Ⓐ この シャツは いくらですか。
> Ⓑ あかは にせんえんで、あおは せんごひゃくえんです。
> Ⓐ あお、ください。

① 1,500엔　　② 2,000엔　　③ 3,000엔　　④ 3,500엔

3 A와 B의 약속 시간은 몇 시입니까?

> **A** やくそくは なんじですか。
> **B** よる しちじ はんです。

① 밤 4시　　② 밤 4시 30분　　③ 밤 7시 30분　　④ 밤 7시 40분

4 시험은 몇 월 며칠입니까?

> 〈きょうは にがつ よっかです。〉
> **A** テストは いつですか。
> **B** あしたです。

① 2월 3일　　② 2월 4일　　③ 2월 5일　　④ 2월 6일

5 빈칸에 들어갈 말로 알맞은 것은?

> **A** ＿＿＿＿＿＿ですか。
> **B** ふたつです。

① いくら　　② なん　　③ どこ　　④ いくつ

6 다음 날짜를 바르게 읽은 것은?

> 9월 19일

① きゅうがつ　じゅうきゅうにち
② きゅうげつ　じゅうきゅうにち
③ くがつ　じゅうくにち
④ くげつ　じゅうくにち

7 오늘은 8월 12일입니다. 불꽃놀이는 언제입니까?

일	월	화	수	목	금	토
8/10	8/11	8/12	8/13	8/14	8/15	8/16
8/17	8/18	8/19	8/20	8/21	8/22	8/23

> **A** はなびたいかいは いつですか。
> **B** らいしゅうの どようびです。

① 8월 15일　　② 8월 19일　　③ 8월 22일　　④ 8월 23일

8 B가 음식점에 방문했습니다. 함께 방문한 인원은 총 몇 명입니까?

> **A** なんめいさまですか。
> **B** おとな ふたりと こども ひとりです。

① 1명　　　　② 2명　　　　③ 3명　　　　④ 4명

9 B의 가게는 몇 시에 문을 닫나요?

> **A** えいぎょうじかんは なんじから なんじまでですか。
> **B** じゅうじから ごじまでです。

① 3시　　　　② 5시　　　　③ 7시　　　　④ 9시

10 A가 지불할 금액은 얼마인가요?

> **A** これは いくらですか。
> **B** ひとつ ひゃくえんです。
> **A** みっつ ください。

① 100엔　　　② 200엔　　　③ 300엔　　　④ 400엔

정답

DAY 01   p.065
❶ ④, ③, ⑤, ①, ②
❷ 1. ①   2. ①   3. ④

DAY 02   p.073
❶ ③, ④, ⑤, ①, ②
❷ 1. ②   2. ④   3. ①

DAY 03   p.080
❶ ④, ②, ③, ①
❷ 1. ①   2. ③   3. ①

DAY 04   p.088
❶ ④, ③, ①, ②
❷ 1. ④   2. ②   3. ③

DAY 05   p.095
❶ ②, ①, ④, ③
❷ 1. ④   2. ②   3. ③

DAY 06   p.103
❶ ③, ⑤, ②, ④, ①
❷ 1. ②   2. ④   3. ②

DAY 07   p.110
❶ ②, ④, ①, ③
❷ 1. ④   2. ②   3. ③

DAY 08   p.117
❶ ①, ③, ②, ⑤, ④
❷ 1. ②   2. ②   3. ③

DAY 09   p.125
❶ ⑤, ④, ③, ②, ①
❷ 1. ④   2. ③   3. ②

DAY 10   p.133
❶ ③, ①, ④, ⑤, ②
❷ 1. ②   2. ③   3. ④

DAY 11 　　　　　　　p.141
❶ ②, ④, ③, ①
❷ 1. ④　2. ③　3. ①

중간 확인 문제 　　　p.144
❶ ③　❷ ②　❸ ①　❹ ④
❺ ②　❻ ②　❼ ④　❽ ④
❾ ①　❿ ③

DAY 12 　　　　　　　p.152
❶ ④, ②, ⑤, ①, ③
❷ 1. ③　2. ②　3. ①

DAY 13 　　　　　　　p.160
❶ ③, ④, ②, ①, ⑤
❷ 1. ④　2. ④　3. ②

DAY 14 　　　　　　　p.167
❶ ②, ①, ③, ⑤, ④
❷ 1. ②　2. ③　3. ④

DAY 15 　　　　　　　p.174
❶ ④, ③, ①, ⑤, ②
❷ 1. ③　2. ③　3. ①

DAY 16 　　　　　　　p.181
❶ ②, ④, ⑤, ①, ③
❷ 1. ②　2. ①　3. ③

DAY 17 　　　　　　　p.188
❶ ②, ④, ①, ③, ⑤
❷ 1. ④　2. ②　3. ③

DAY 18 　　　　　　　p.196
❶ ③, ②, ①, ④
❷ 1. ①　2. ④　3. ②

DAY 19 　　　　　　　p.204
❶ ⑤, ①, ③, ②, ④
❷ 1. ②　2. ①　3. ③

DAY 20 　　　　　　　p.211
❶ ②, ④, ①, ⑤, ③
❷ 1. ③　2. ②　3. ②

최종 확인 문제 　　　p.214
❶ ③　❷ ①　❸ ③　❹ ③
❺ ④　❻ ③　❼ ④　❽ ③
❾ ②　❿ ③

かわいい

카와이
일본어 첫걸음

HELLO KITTY

© 2025 SANRIO CO., LTD.